Siegfried Russwurm/Joachim Lang (Hg.)

Wie soll die Wirtschaft
mit Autokratien umgehen?

Wirtschaft ist Gesellschaft, Bd. 2

herausgegeben von
Siegfried Russwurm und Joachim Lang,
Bundesverband der Deutschen Industrie e.V.

Siegfried Russwurm/Joachim Lang (Hg.)

Wie soll die Wirtschaft mit Autokratien umgehen?

HERDER

FREIBURG · BASEL · WIEN

MIX
Papier aus verantwor-
tungsvollen Quellen
FSC® C014496

© Verlag Herder GmbH, Freiburg im Breisgau 2022
Alle Rechte vorbehalten
www.herder.de

Umschlagkonzeption und -grafik: Michel Arencibia,
Bundesverband der Deutschen Industrie
Umschlaggestaltung: Verlag Herder
Satz: Daniel Förster, Belgern
Herstellung: GGP Media GmbH, Pößneck

Printed in Germany

ISBN Print: 978-3-451-07230-7
ISBN E-Book (EPUB): 978-3-451-82724-2
ISBN E-Book (PDF): 978-3-451-82725-9

Inhalt

Wie viel Unsicherheit verträgt das Exportgeschäft?

Hohe Menschenrechtsstandards als Wettbewerbsvorteil? Zwischen hohen Ansprüchen, begrenzten Möglichkeiten und einem gnadenlosen Weltmarkt

Schlusswort – was bedeutet verantwortungsvolle Koexistenz?

Vorwort – wie soll die Wirtschaft mit Autokratien umgehen?

VON SIEGFRIED RUSSWURM UND JOACHIM LANG

Europa sieht sich mit einer neuen Realität konfrontiert: Der völkerrechtswidrige Krieg Russlands gegen die Ukraine seit dem Februar 2022 ist eine Zäsur für die europäische Sicherheitsordnung. Das autoritäre Herrschaftssystem von Präsident Putin stellt seine nationalen Sicherheitsinteressen über eine prosperierende Entwicklung der russischen Volkswirtschaft. Abhängigkeiten im Energiesektor haben sich als strategisches Risiko für ganz Europa, aber insbesondere für das Exportland Deutschland entpuppt. Das Großmachtgebaren Russlands entgegen internationalen Verträgen und Rechtsgrundlagen ist ein Weckruf für die liberaldemokratischen Staaten, ihr freiheitliches Gesellschaftsmodell zu verteidigen und Wohlstand zu sichern. Mit einer Abnabelung von der Welt wird dies allerdings sicherlich nicht funktionieren. Zudem existieren unterschiedliche Formen autoritärer Systeme, die nicht wie Russland die Geschäftsgrundlage des freien Welthandels aufkündigen.

So historisch der Moment der russischen Invasion in der Ukraine ist, so ist er trauriger Höhepunkt einer sich seit längerer Zeit andeuteten Entwicklung des geostrategischen Umfelds, an die sich Deutschland und Europa anpassen müssen. Die demokratische

Welle ist vorübergezogen, die Zahl der Demokratien stagniert seit der Jahrtausendwende, die Qualität demokratischen Regierens nimmt weltweit ab, die Repression in autoritären Systemen nimmt zu – darin ist sich die Fachliteratur weitestgehend einig. Die liberal-demokratischen Staaten müssen sich bewusst sein, dass in anderen Teilen der Welt die Integration in das globale Handelssystem nicht mit der Übernahme von Menschenrechten und Rechtsstaatlichkeit einhergeht.

Nach dem Triumph des transatlantischen Westens über die Sowjetunion standen zunächst die Tore der Welt für die Unternehmen offen und der Siegeszug der Demokratie schien unaufhaltsam. Jedoch hat sich in der Rückschau herausgestellt, dass sich autokratische Herrschaftsformen durchaus dynamisch entwickeln. Die Zementierung autoritärer Herrschaft in Russland bereits Ende der 1990er Jahre war dafür ein erstes Warnzeichen, das in der vorherrschenden Euphorie gerne übersehen wurde. Das Ende der Bipolarität nach dem Kalten Krieg ist in eine zunehmende Komplexität der internationalen Beziehungen übergegangen. Die Handelspolitik nimmt dabei einen zentralen Stellenwert ein, weil sich geoökonomische Einflusssphären bilden und eine schrittweise Integration der Weltwirtschaft einer Regionalisierung und Ausdifferenzierung in verschiedene Allianzen gewichen ist.

China voran stellt unter Beweis, dass ein zunehmend autoritärer Einparteienstaat die Legitimität seines Gesellschaftsvertrags durch die millionenfache Befreiung von Menschen aus der Armut erfolgreich festigt und Wohlstand für breite Bevölkerungsteile hervorbringen kann. Durch Übernahme und Weiterentwicklung von Technologien, eine ambitionierte Industriepolitik und durch gigantische staatliche Subventionen und Investitionen in Schlüsselbranchen hat sich China nun an die Spitze des Systemwettbewerbs mit den demokratischen Industriestaaten gestellt und scheint

Siegfried Russwurm und Joachim Lang

gegenüber dem demokratisch-marktwirtschaftlichen Modell eine Alternative zu bieten – was freilich nicht bedeutet, dass innovationsblockierende Strukturen, ineffektive Investitionen, zunehmende Klima- und Umweltprobleme sowie die demografische Frage in Zukunft keine ernst zu nehmenden Herausforderungen für den kommunistischen Einparteienstaat darstellen werden.

Ohne die Strahlkraft autoritärer Ordnungsmodelle zu überschätzen, stellt sich für Deutschland und die Europäische Union (EU) als Teil des transatlantischen Westens eine entscheidende Frage: Wie bewahren wir unseren Wohlstand und behaupten unsere demokratischen Werte, ohne uns aus diesen autoritären bzw. demokratisch defizitären Staaten rigoros zurückzuziehen?

Europas und insbesondere Deutschlands Wohlstand mit seiner exportorientierten Industrie sind von funktionierenden internationalen Lieferketten abhängig. Die Exportquote der 27 EU-Mitgliedstaaten – das Verhältnis von Exporten von Waren und Dienstleistungen zum BIP – lag 2020 bei 46,8 %. Die vernetzte Wertschöpfung in der Welt sichert rund 36 Millionen Arbeitsplätze in Europa. Dabei ist die Exportabhängigkeit auch nicht mit einer China-Abhängigkeit gleichzusetzen, die sich vielmehr selektiv auf einige Vorprodukte und Hochtechnologien erstreckt. Die im europäischen Vergleich hohen Exporte Deutschlands in das Riesenreich machen rund sieben Prozent an den Gesamtausfuhren aus. Es geht also weniger um eine »Lex China« als vielmehr um eine Standortbestimmung und strategische Ausrichtung der Außen- und Handelspolitik.

Klar ist, die neuen geoökonomischen Vorzeichen zwingen die Unternehmen und die Politik, sich umfassend damit auseinanderzusetzen. Unternehmen müssen in der internationalen politischen Ökonomie viel langfristiger und vorausschauender handeln. Zudem sind sie angehalten, zunehmend auf Grundlage heterogener

Anforderungen in Politik, Gesellschaft und Mitarbeiterschaft zu entscheiden. Die Diskussion um ein sogenanntes »Lieferkettengesetz« hat dies verdeutlicht. Das wird unter anderem dadurch sichtbar, dass sich unter den zehn wichtigsten Handelspartnern der EU bereits drei Autokratien befinden, wenn natürlich auch in völlig unterschiedlichen Ausprägungen: China, Russland und die Türkei. Diplomatie in den etablierten internationalen Organisationen ist kein Garant mehr für Berechenbarkeit und Planungssicherheit. Die Schwächung etablierter Ordnungsstrukturen wie der Welthandelsorganisation (WTO) ist Zeugnis einer Zunahme der Abhängigkeit von äußeren Kräften, die sich dem unternehmerischen Einfluss entziehen – kurz »Heteronomie«. Denn die Auflösung gegensätzlicher Interessen durch geregelte Verfahren ist immer seltener zu beobachten. Der Versuch einer Reparatur würde die Rückkehr zum alten Normalzustand bedeuten, wäre hier aber wohl bequemes Wunschdenken. Neue, multi- und plurilaterale Formen der Kooperation mit wechselnden Partnern sind stattdessen unter Umständen aussichtsreicher. Die andere Alternative wäre eine strikte Konditionalisierung von Menschenrechten.

Die Welt wird interdependent bleiben, aber durchaus anfälliger für Konflikte und diplomatische Missverständnisse – was auch die Gefahr militärischer Eskalationen einschließt, obwohl dies jeder Seite mehr schadete als nützte. So würde der Zusammenbruch internationaler Warenströme sowohl für die USA als auch für China keine Verbesserung des Status quo bedeuten – die Volkswirtschaften sind vom gegenseitigen Austausch abhängig. Jedoch müssen wir pragmatisch anerkennen, dass verschiedene Gesellschaftssysteme zumindest auf absehbare Zeit nebeneinander existieren und sich vielfache, gleichzeitige (Ziel-)Konflikte und Krisen ergeben. Vor allem der internationale Technologiewettbewerb wird künftig stärker durch geopolitische Interessen getrieben.

Diese Koexistenz ist jedoch nicht zu verwechseln mit dem Ende internationaler Zusammenarbeit. So ist es im europäischen Interesse, auch mit China weiterhin – aus einer selbstbewussteren, stärkeren Position heraus – gemeinsame Interessen auszuloten und sich für gegenseitigen Marktzugang und Investitionsschutz einzusetzen. Unternehmen brauchen durch einen strategisch ausgerichteten außen- und handelspolitischen Rahmen einen berechenbaren Handlungsspielraum, um Investitionsentscheidungen verantwortlich zu treffen. Zudem sind globale Fragen wie der Klimawandel nur in Kooperation lösbar. Technologische Lösungen müssen auch durch autokratische Mitbewerber übernommen werden – insbesondere China mit einem Anteil an den globalen CO_2-Emissionen von ca. 27 % – um dem 1,5-Grad-Ziel näherzukommen. Wenn stattdessen der Protektionismus durch Schutzmaßnahmen befördert wird, entsteht keine notwendige Konvergenz in den Zielen und Maßnahmen. Das westliche Ordnungsmodell aus Demokratie und Marktwirtschaft wird nur konkurrenzfähig gegenüber den autokratischen Systemwettbewerben bleiben, wenn es weiter Wohlstand schafft und zugleich die vielfältigen Transformationsprozesse bewältigt. Nur die globale Wettbewerbsfähigkeit und Innovationskraft kann sicherstellen, dass Europa über ausreichend Ressourcen und technologische Souveränität verfügt, um ein globaler, durchsetzungsstarker Akteur zu werden.

Jeder Versuch, Antworten auf globale Fragen und Gefahren von Abhängigkeiten zu geben, muss die vernetzte Wirtschaftsweise als Grundlage für Wohlstand *und* politische Einflussmöglichkeiten zum Ausgangspunkt nehmen, beides bedingt sich gegenseitig. Die Industrie, die Gewinne erwirtschaften muss, um weiterhin global wettbewerbsfähig zu bleiben, ist hierfür Mittel zum Zweck. Damit Unternehmen im zunehmend diffusen Umfeld agieren können, muss die Politik eine kohärente Außen- und Handelspolitik formulieren, die ebenfalls langfristige Interessen verfolgt und den Unternehmen möglichst viel Verlässlichkeit und Berechenbarkeit schafft. Die Unternehmen sind hingegen noch stärker gefordert, ihre Richtlinien zur *Corporate Social Responsibility* (CSR) weiterzuentwickeln und konsequent umzusetzen. Das heißt auch, neben Sozialverantwortung Umweltbewusstsein und nachhaltige Unternehmensführung als Kriterien (ESG) zu integrieren. Internationalen Handel zu treiben ist das oberste Gebot und Europa muss die Öffnung von Märkten ganz oben auf die Agenda setzen, um potenzielle neue Partner nicht an Mitbewerber zu verlieren. Wie dringlich dies ist, verdeutlicht schon der Diskurs in Europa um Handels- und Investitionsabkommen wie TTIP mit den USA bis hin zu CETA mit Kanada. Wenn wir nicht in der Lage sind, mit unseren engsten Verbündeten am anderen Ende des Atlantiks Abkommen zu schließen, wie wollen wir andere Partner überzeugen, sich uns anzuschließen?

Als Herausgeber sind wir überzeugt, dass Deutschland als technologieführendes Industrie-, Innovations- und Exportland vernetzter mit der Welt werden muss – denn nur durch wirtschaftliche und gesellschaftliche Attraktivität finden wir Nachahmer. Dabei sind zunehmend ethische Gesichtspunkte miteinzubeziehen, weil universelle Menschenrechte eben keine »innere Angelegenheit« sind und die Wirtschaft sich klar positionieren muss. Zu diesen und weiteren zentralen Fragen haben wir eingeladen, aus unterschiedlichen Blickwinkeln eine Debatte hierzu anzustoßen. Wie Wohlstand künftig erwirtschaftet wird, ist eine gesamtgesellschaftliche Frage und muss durch eine viel intensivere Debatte als bisher beantwortet werden. Diese Buchausgabe ist ein Beitrag der Industrie, sich auch unbequemen Fragen zu nähern und an Antworten mitzuarbeiten.

Grundlinien der Außenwirtschaftspolitik mit Autokratien

VON HANS-JÜRGEN WAGENER

Autokratien

Die liberale Demokratie ist keineswegs die universell vorherrschende Regierungsform. Nehmen wir das Forum der G20, zu dem sich 1999 die bedeutendsten Wirtschaftsmächte der Welt zusammengeschlossen haben, um kooperativ globale Probleme zu diskutieren und, wo möglich, zu lösen. Vier der Mitgliedsländer zählen zu den unfreien Autokratien: China, Russland, Saudi-Arabien und die Türkei. Drei weitere werden als nur partiell frei und weitgehend autokratisch regiert klassifiziert: Indien, Indonesien und Mexiko. Selbst die Europäische Union, die sich ausdrücklich zur Achtung der Menschenwürde, zu Freiheit, Demokratie, Gleichheit, Rechtsstaatlichkeit und zur Wahrung der Menschenrechte einschließlich der Rechte der Personen, die Minderheiten angehören, als universelle Werte bekennt (EUV Art. 2), rügte zwei ihrer Mitgliedsländer wegen der Verletzung dieser Prinzipien. Dabei wird Ungarn allgemein als autokratisch regiert und nur partiell frei gesehen, während sich in Polen die Lage des Rechtsstaats und der bürgerlichen Freiheiten innerhalb des jüngsten Jahrzehnts zwar erheblich verschlechtert hat, die Transformation in eine Autokratie aber noch nicht als vollzogen gilt, wohl auch in Ermangelung eines Autokraten an der Spitze des Staates (Jarosław Kaczyński hält sich als Parteivorsitzender und »Pate« im Hintergrund).

Dabei geht es nicht um ideologische Positionen. Victor Orbán will das christliche Abendland bewahren (Anti-Islamismus), das »wahre« Europa verteidigen (gegen Einwanderung und Multikulturalismus), die traditionelle Familie schützen (Anti-LGBT), den Nationalstaat stärken (gegen den »EU-Imperialismus« aus Brüssel) und dem Volk zu seinem Recht verhelfen (gegen die dekadenten liberalen Eliten). Das mag man als populistischen Nationalkonservatismus kritisieren oder auch aus der Geschichte zu erklären versuchen.[1] Es macht ihn aber noch nicht zu einem Autokraten. Erst die Methoden, mit denen er seiner Ideologie Geltung zu verschaffen versucht und die er »illiberale Demokratie« nennt, begründen den autoritären Charakter des Regimes: Aushöhlung des Rechtsstaats, Erschwerung des politischen Wettbewerbs und der freien Meinungsäußerung.

Demokratie und konstitutioneller Liberalismus gehen nicht notwendigerweise Hand in Hand. Fareed Zakaria führte den amerikanischen Diplomaten und Vermittler im Bosnien-Konflikt Richard Holbrooke an: »Suppose the election was declared free and fair«, äußerte dieser zu den Wahlen 1996, und die Gewählten sind »racists, fascists, separatists, who are publicly opposed to [peace and reintegration]. That is the dilemma«,[2] nämlich das Dilemma zwischen freien und fairen Wahlen auf der einen Seite und Rechtsstaatlichkeit, Gewaltenteilung und dem Schutz der grundlegenden bürgerlichen Freiheiten auf der anderen. Das kennzeichnet eine illiberale Demokratie. Konstitutionelle Illiberalität und politische Demokratie bleiben allerdings selten unbeeinflusst voneinander. Einmal im Amt wird die autoritäre Regierung ihr Möglichstes tun, dort auch zu bleiben: Behinderung der Opposition, Beeinflussung der Medien, Änderungen der Verfassung sind probate Mittel.

Damit scheint fast selbstverständlich zu sein, was ein autokratisches Regime konstituiert. Wo beispielsweise die von der EU propagierten universellen Werte nicht gewahrt werden, haben wir es offensichtlich mit Autokratien zu tun, die durchaus auf demokratischem Weg entstanden sein können. Die vergleichende Politikwissenschaft hat ausführliche Kriterienkataloge erarbeitet und versucht, die einzelnen Länder der Welt empirisch dahingehend zu evaluieren. Dabei kann es nicht darum gehen, was in Verfassungen und Gesetzestexten auf dem Papier steht, sondern darum, wie die jeweiligen Normen und Prinzipien umgesetzt und von der Bevölkerung getragen werden. Das zu beurteilen ist Sache von Experten, die mit den Methoden der empirischen Politik- und Sozialforschung versuchen, Einsicht in die Realität der einzelnen Länder zu gewinnen. Darüber besteht nicht notwendigerweise Konsens, und so weisen die auf dem Markt befindlichen Evaluierungsrankings bei weitgehender Übereinstimmung auch voneinander abweichende Bewertungen auf.

Das in den USA angesiedelte Institut Freedom House gewinnt seinen häufig zitierten Index aus 10 Einzelindikatoren für politische Rechte und 15 Einzelindikatoren für bürgerliche Freiheiten.[3] Erstere folgen den Dimensionen Wahlprozess, politischer Pluralismus und Partizipation und Funktionsweise des Regierungssystems, Letztere den Dimensionen Meinungs- und Glaubensfreiheit, Versammlungs- und Vereinigungsfreiheit, Rechtsstaatlichkeit, persönliche Autonomie und Individualrechte. Noch umfangreicher ist der Datensatz des Göteborgers Varieties of Democracy Instituts, um nur zwei Beispiele anzuführen, auf die wir uns hier vor allem stützen.[4] Politische Rechte und bürgerliche Freiheiten sind eng korreliert mit ökonomischer Freiheit. Sie sind jedoch nicht miteinander austauschbar. Das zeigt ein Vergleich mit den Daten des kanadischen Fraser Institute, das jährlich einen Bericht »Economic Freedom in the World« veröffentlicht.[5] Wirtschaftliche Freiheit wird dabei als ein System mit geschütztem Privateigentum, Rechtsstaatlichkeit, Freihandel und einer gesunden Geldordnung definiert. Sie ist identisch mit dem westlichen Modell einer liberalen Marktwirtschaft. Demokratie ist eine politische Herrschaftsform, aber nicht notwendigerweise ein wirtschaftliches Ordnungskonzept. Autokratien tendieren allerdings in der Regel zu staatlichen Eingriffen in die unternehmerische Autonomie, zur Unterhöhlung des Rechtsstaats, zu Protektionismus und zur Beschränkung der Unabhängigkeit der Zentralbank, was nicht ohne Folgen für den freien Handel und damit auch für das Wirtschaftswachstum bleibt.

Nichteinmischung

In einem freiheitlich-demokratischen Land wie Deutschland stellt sich nun die Frage: Wie sollte man mit autoritären Staaten umgehen? Für die internationalen Beziehungen hat die Charta der Vereinten Nationen das Prinzip der Nichteinmischung formuliert, das von der Generalversammlung 1993 erneut unterstrichen wurde, dass nämlich

> »aufgrund des in der Charta der Vereinten Nationen verankerten Grundsatzes der Gleichberechtigung und Selbstbestimmung der Völker alle Völker das Recht haben, frei und ohne Einmischung von außen ihren politischen Status zu bestimmen und ihre wirtschaftliche, soziale und kulturelle Entwicklung zu verfolgen und daß jeder Staat verpflichtet ist, dieses Recht im Einklang mit der Charta zu achten«.[6]

Kurzum, wenn China sich eine totalitäre Regierung mit einem Einparteiensystem gibt, dann können wir das in Verhandlungen ansprechen, aber auf die Agenda lässt es sich nicht setzen. Das fällt besonders schwer, wenn offensichtlich grundlegende Menschenrechte verletzt und ethnische und nationale Minderheiten wie die Tibeter und die Uiguren unterdrückt werden.

Eine Einmischung in innere Angelegenheiten kann von den Vereinten Nationen nur dann gebilligt werden, wenn der Weltfriede und die internationale Sicherheit gefährdet sind. Dies sah der Sicherheitsrat der UN beispielsweise im Fall des zweiten Golfkriegs 1990–91 als gegeben.[7] Dieser Resolution war ein Wirtschafts-, Finanz- und Militärembargo gegen den Irak vorausgegangen, was zum normalen Instrumentarium für UN-Sanktionen zählt, um Friede und Sicherheit aufrechtzuerhalten. Ein militärischer Eingriff ist *ultima ratio*. Das Problem von UN-Sanktionen liegt allerdings in der Tatsache, dass mindestens zwei der fünf ständigen Sicherheitsratsmitglieder mit Vetomacht, Russland und China, autoritäre Regime darstellen.

Die EU kann deshalb auch außerhalb des Rahmens der UN mit autonomen, restriktiven Maßnahmen, Sanktionen auf politische Entwicklungen reagieren, die ihren Werten entgegenstehen. Das tut sie vertragsgemäß nach Maßgabe der Gemeinsamen Außen- und Sicherheitspolitik (GASP). Die aktuellen Beispiele (Iran, Nordkorea, Russland, Belarus) zeigen ganz unterschiedliche Anlässe für die Intervention. Dabei handelt es sich in der Regel um Waffenembargos, Einreiseverbote für bestimmte Personen und das Einfrieren von Vermögen von Einzelpersonen und Organisationen, soweit diese Vermögen sich innerhalb der EU befinden, und schließlich um Wirtschaftssanktionen (Embargos). Grenzüberschreitende Sanktionen stoßen außerhalb des UN-Kontexts auf schwerwiegende rechtliche Bedenken. Für die sozialistischen Länder des Ostblocks galt es dagegen als Pflicht sich einzumischen, wenn ein Land vom kommunistischen Tugendpfad abwich. Mit dieser sogenannten Breschnew-Doktrin rechtfertigten die Staaten des Warschauer Pakts 1968 ihren Einmarsch in die Tschechoslowakei.

Sanktionen und ihre Wirkung

Sehen wir von Gewaltmaßnahmen auf fremdem Territorium ab, dann bleibt noch immer ein breites Spektrum von möglichen Eingriffen, um die Betroffenen zu kooperativem Verhalten zu veranlassen. Grundsätzlich können das positive oder negative Sanktionen sein. Doch in der Regel verbindet man mit dem Begriff Sanktion, seiner strafrechtlichen Herkunft folgend, Maßnahmen, die wehtun sollen. Da sich im internationalen Verkehr die Zielgruppe solcher Handlungen zumeist jenseits der Grenze befindet, sind Außenwirtschaftsbeziehungen das wichtigste Objekt der Sanktionspolitik. Das Arsenal der möglichen Instrumente, die auf Handelsbeschränkungen hinauslaufen, ist reich bestückt:

- Zölle, insbesondere Strafzölle. Hier sind die Möglichkeiten beschränkt: Sobald ein Land Mitglied der Welthandelsorganisation (WTO) ist, müssen Maßnahmen für Handelsbeschränkungen, die sich nicht auf die Ausfuhr von Waffen und militärische Ausrüstung beziehen, die in Artikel XX des GATT (des Allgemeinen Zoll- und Handelsabkommens), bzw. Artikel XIV des GATS (des Allgemeinen Abkommens über den Handel mit Dienstleistungen) festgelegten Bedingungen erfüllen und könnten in bestimmten Fällen mit den Regeln der WTO unvereinbar sein.[8] Denn die WTO hat zum Ziel, fairen und möglichst ungehinderten Wettbewerb zu schaffen. Regeln wie die Meistbegünstigung erlauben es z. B. nicht, Zölle gegenüber Partnerländern zu differenzieren. Bei einseitig diskriminierenden Maßnahmen setzt ein Vermittlungsprozess der WTO ein. Erst wenn dieser gescheitert ist, können unter sehr eingeschränkten Voraussetzungen Gegenmaßnahmen zugelassen werden.

- Embargos, d. h. staatlich verordnete Handelsbeschränkungen bzw. -verbote. Mit einem Embargo können einzelne Produkte belegt werden (Röhrenembargo, Ölembargo, Getreideembargo), aber auch der gesamte Außenhandel eines Landes. Je mehr Länder sich dem Embargo anschließen, desto effektiver kann es sein. Die jüngere Geschichte weist zahllose Embargos aus, in Afrika, dem Mittleren Osten, Russland, Kuba, Nordkorea. Die Beispiele zeigen, dass es sich dabei oft um Kriegs- oder kriegsnahe Zustände handelt. Auch im Kalten Krieg setzte der Westen Embargos ein, um die Gegenseite wirtschaftlich zu treffen. Wichtigstes Beispiel war der Koordinationsausschuss für multilaterale Ausfuhrkontrollen (CoCom), ein informelles Gremium, das 1949 auf Betreiben der USA ins Leben gerufen wurde und in dem die Sanktionsmacht der USA für die Einhaltung der Beschlüsse sorgte. Es sollte den Export von Hochtechnologie in den sowjetischen Herrschaftsbereich verhindern.

- Boykott, das ist eine in der Regel individuell oder kollektiv, aber nicht hoheitlich durchgeführte Maßnahme, gerichtet gegen einzelne Personen, Organisationen und Staaten. Hier kann es nur um außenwirtschaftlich relevante Formen des Boykotts gehen, d. h. Weigerungen, bestimmte Produkte oder generell die Erzeugnisse eines Landes zu kaufen bzw.

an das inkriminierte Land zu verkaufen. Die Ziele sind vielfältiger Natur, z. B. Wettbewerbsbeeinflussung (Buy British, America First), der Artenschutz (Ächtung von Pelzen) und der Schutz von Ökosystemen (Tropenholz und Regenwald), soziale Missstände (Kinderarbeit), politischer Protest (die Boston Tea Party 1773 und viele andere Beispiele).

- Transportblockaden, zumeist Seeblockaden. Solche Blockaden werden in der Regel in Verbindung mit einem Embargo eingesetzt. Denn dadurch lassen sich auch Handelsströme aus Ländern unterbinden, die sich nicht dem Embargo angeschlossen haben. Berühmte Beispiele sind Napoleons Kontinentalsperre von 1806 und die Seeblockade Deutschlands während des Ersten Weltkriegs, die die Versorgung in Deutschland empfindlich getroffen und den sogenannten Steckrübenwinter 1916–17 ausgelöst hat. Landblockaden sind als Stadtbelagerungen seit alters her bekannt. Die Sowjetunion hat es 1948–49 mit der Berlin-Blockade wieder versucht. Wie bei allen außenwirtschaftlichen Sanktionen sind auch hier Umgehungen der Maßnahmen (Schmuggel, Blockadebrecher) riskante und profitable Aktivitäten. In Einzelfällen gibt es aber auch humanitäre Aktionen (die Berliner Luftbrücke z. B. oder Oxfam, das Oxford Committee for Famine Relief, 1942 gegründet, um die von der Besetzung durch die Achsenmächte und der Seeblockade durch die Alliierten verursachte Hungersnot in Griechenland zu lindern).

Vor allem die USA setzen Wirtschaftssanktionen für ihre Außen-, Sicherheits- und Wirtschaftspolitik ein. Das ist leicht erklärlich: Aufgrund der Größe des internen Marktes und ihres wirtschaftlichen Potenzials ist im Gegensatz zur außenhandelsintensiven

Bundesrepublik der Rückschlag solcher Maßnahmen auf die eigene Wirtschaft vergleichsweise gering. Eine Ausnahme bildete das Getreideembargo, das Jimmy Carter 1980 gegen die Sowjetunion verfügt hatte, um den Abzug ihrer Truppen aus Afghanistan zu erzwingen. Davon wurden vor allem die amerikanischen Farmer betroffen, und so dauerte es nicht lange, bis Ronald Reagan das Getreideembargo rückgängig machte.

Ganz anders war die Motivation im Fall des berüchtigten Röhrenembargos von 1962–63, als die USA Westdeutschland dazu zwingen konnten, Lieferverträge für Pipelineröhren zu kündigen, angeblich zur Vermeidung eines sowjetischen Sanktionspotenzials[9] – Störfreimachung hieß das in der DDR. Großbritannien ist dann bereitwillig in das eigentlich von der NATO sanktionierte Geschäft eingestiegen. Die Reagan-Regierung machte 1982 noch einmal den Versuch, einen westdeutsch-sowjetischen Röhren-Gas-Deal zu unterbinden – diesmal ohne Erfolg. Dabei spielten wie schon im ersten Fall vor allem die Interessen der amerikanischen Öl- und Gasindustrie eine Rolle, um, wie dann auch später bei den Maßnahmen gegen Nord Stream 2, die Absatzchancen für ihre eigenen Produkte in Europa zu verbessern. Kurzum, Wirtschaftssanktionen brauchen nicht ausschließlich gegen ein Land gerichtet zu sein, sondern dienen oft der aggressiven Unterstützung der eigenen Wettbewerbsfähigkeit mit dem Instrumentarium der Außenwirtschaftspolitik. Diese Politik ist aus dem Merkantilismus der absolutistischen Periode bekannt und wird deshalb auch als Neo-Merkantilismus bezeichnet.

Nachdem wir einen Blick in die Folterkammer der außenwirtschaftlichen Strafmaßnahmen geworfen haben, stellt sich die Frage: Wie wirksam sind außenwirtschaftliche Sanktionen? Das ist nicht so einfach festzustellen. Embargos und Blockaden treffen die Zielländer mehr oder minder schwer, wenn es gelingt, dieser Politik eine breite Unterstützung zu verschaffen. Die USA stellen das häufig durch Sekundärsanktionen gegen Unternehmen sicher, die sich nicht an die Vorgaben halten. Die betroffenen Länder reagieren kurzfristig jedoch selten direkt: Die Sowjetunion ist nicht unmittelbar aus Afghanistan abgezogen; Russland hat nicht die Krim an die Ukraine restituiert; der Iran und Nordkorea führen ihre Atomprogramme (zum Teil verdeckt) weiter; Kuba ist nach wie vor sozialistisch. Die Hungerblockade hat nicht den Ersten Weltkrieg beendet, auch wenn die britische Geschichtsschreibung darin einen Faktor sieht, der zum Sieg führte.

Das CoCom-Embargo ist demgegenüber ein Beispiel für den langfristigen Effekt außenwirtschaftlicher Sanktionen. Durch das Exportverbot für Hochtechnologie in die Ostblockländer war z. B. die DDR gezwungen, die für einen wettbewerbsfähigen modernen Maschinenbau unerlässliche Mikroelektronik selbst zu entwickeln. Die daraus folgende Importsubstitutionspolitik ist im Vergleich zum Import aus dem freien Weltmarkt immer mit hohen Extrakosten verbunden. Die nicht minder kostspielige halblegale oder auch illegale Beschaffung von Embargogütern durch den Bereich Kommerzielle Koordinierung (Ko-Ko) ergänzte die Bemühungen, eine eigene Mikroelektronikindustrie aufzubauen. Das hat die ostdeutsche Investitionspolitik über Gebühr belastet und zur wachsenden Produktivitätslücke gegenüber Westdeutschland beigetragen. Andere von effektiven Embargos betroffene Länder werden auf ähnliche Strategien zurückgreifen, um die Folgen zumindest einzuschränken. Importsubstitution infolge von Embargos kann andererseits auch positive Effekte haben. Napoleons Kontinentalsperre hat die Einfuhr von (Rohr-)Zucker behindert und das Substitutionsprodukt (Rüben-)Zucker stimuliert. Der konnte unter Bedingungen freien Handels jedoch nicht mit dem Rohrzucker konkurrieren und musste durch Zölle geschützt werden. Diese Protektion wurde erst 2017 durch das Auslaufen der EU-Zuckermarkt-ordnung abgeschafft.

Häufig ist die Bevölkerung die Hauptleidtragende. Das ist wohl auch die Intention der Sanktionen, die die betreffende Regierung destabilisieren und zur Aufgabe der feindlichen bzw. autoritären Politik zwingen sollen. Allerdings fällt es den Autokraten dann umso leichter, eine Lagermentalität und nationalistische Gefühle zu schüren und die von ihnen selbst verursachten wirtschaftlichen Misserfolge den Maßnahmen der Gegner in die Schuhe zu schieben.

Freihandel

Liberale Marktwirtschaften folgen dem Prinzip des Freihandels. Die wohl am geringsten umstrittene These der Ökonomie besagt, dass freier Handel ein Spiel mit einer positiven Summe ist, d. h. allen beteiligten Ländern einen Vorteil bringt: *laissez faire, laissez passer.* Die Unternehmen entscheiden, womit und mit wem sie Handel treiben. Der Staat greift im Idealfall nur mit generellen Regulierungen ein: z. B. Sicherheits- und Gesundheitsvorschriften. Das Theorem schließt allerdings nicht aus, dass es innerhalb eines Landes nicht auch Verlierer geben kann, was in der Globalisierung deutlich zutage getreten ist. Wichtige Ausnahme von der Regel ist der Grundsatz »trade with the enemy is not done«. Im Vereinigten Königreich und in den USA wurden 1914 bzw. 1917 entsprechende Trading with the Enemy Acts verabschiedet. Zurzeit fällt in den USA nur Kuba noch darunter. Diese Gesetze betrafen nicht nur den Handel, sondern vor allem auch das Vermögen fremder Staatsangehöriger und führten zu umfangreichen Enteignungen, z. B. von Patenten.[10]

In Deutschland wurden 1961 das Außenwirtschaftsgesetz und das Kriegswaffenkontrollgesetz verabschiedet. Ersteres hat keine größere Bedeutung mehr. Denn mit der Schaffung des Gemeinsamen Markts und der Wirtschafts- und Währungsunion ist die außenwirtschaftspolitische Kompetenz weitgehend auf die EU übergegangen, damit auch die Entscheidung, ob und wie die Außenwirtschaftspolitik sich gegenüber autoritären Regimen verhalten solle. Nur die Produktion von und den Handel mit Kriegswaffen regelt das Grundgesetz (Art. 26.2): »Zur Kriegführung bestimmte Waffen dürfen nur mit Genehmigung der Bundesregierung hergestellt, befördert und in Verkehr gebracht werden. Das Nähere regelt ein Bundesgesetz«, eben das Kriegswaffenkontrollgesetz. Angesichts der komplexen nationalen und internationalen Konfliktsituationen weist die Entscheidung über eventuelle Exportverbote einen breiten politischen Spielraum auf. Eines der Kriterien ist die Menschenrechtslage im Empfängerland. Da überrascht es, dass 2020 von den Top-10-Empfängerländern deutscher Waffenexporte immerhin vier (Ungarn, Ägypten, Katar und Singapur) zu den autokratisch regierten Ländern gezählt werden.

Es ist nun keineswegs so, dass abgesehen von den kontrollierten Rüstungsexporten wirklich freier Handel herrschte. Tarifäre und vor allem nicht tarifäre Handelshemmnisse machen es den Unternehmen schwer, eine optimale Produktspezialisierung und Marketingstruktur zu wählen. Freihandelsabkommen, insbesondere aber ein gemeinsamer Markt, wie er innerhalb der EU besteht, sind wichtige Schritte in Richtung Liberalisierung. Das alles braucht uns hier nicht weiter zu beschäftigen. Denn tarifäre und nicht tarifäre Handelshemmnisse zielen auf die Protektion der heimischen Wirtschaft, sie dienen aber nicht einer politisch motivierten Außenwirtschaftsstrategie.

Was eine solche Strategie betrifft, so sahen wir bereits, dass die USA eine andere Haltung als Deutschland einnehmen, indem sie von Sanktionen und Embargos intensiver Gebrauch machen. Das bedeutet allerdings nicht, dass sie ihre Handelsbeziehungen generell an politischen Kriterien ausrichten. Ihre Haupthandelspartner im Güterhandel neben den liberalen Demokratien Kanada, Japan und Deutschland sind mit fast 30 % des Handelsvolumens China und Mexiko, Ersteres eine uneingeschränkte Autokratie und Letzteres zumindest eine unvollständige Demokratie. Die Regionalstruktur des amerikanischen Außenhandels ist hochkonzentriert: Die ersten drei Partnerländer nehmen 43 % des Gesamtvolumens in Anspruch, zählt man Japan und Deutschland hinzu, dann ist bereits mehr als die Hälfte abgedeckt. Der deutsche Außenhandel (Güter und Dienstleistungen) ist stärker diversifiziert: Die ersten drei Partnerländer (China, Niederlande, USA) kommen nur auf 25 % des Umsatzes, und erst die obersten acht Länder erreichen 50 %.

Eindämmung, Rollback oder Annäherung?

Die Außenwirtschaftspolitik gegenüber Autokratien ist im Zusammenhang mit der allgemeinen Außenpolitik zu sehen. Im Kalten Krieg hat der Westen drei Modelle entwickelt: Eindämmung, Rollback und Annäherung. Dabei ist der Kontext von Bedeutung, innerhalb dessen eine solche Politik ausgeübt wird. Auf der einen Seite standen die imperialen Mächte USA und Sowjetunion, die sich die geopolitische Vorherrschaft streitig machten, sei es durch militärische Rüstungspolitik, sei es durch »friedliche Koexistenz« grundsätzlich entgegengesetzter Systeme. Auf der anderen Seite standen die beiden deutschen Staaten, die zwar der geopolitischen Konfrontation nicht entweichen konnten, die aber im regionalen Rahmen Deutschlandpolitik machten. Hier kamen ganz unterschiedliche Strategien zum Zuge.

George Kennan formulierte 1947 das Konzept der Eindämmung *(containment)*. Es zielte darauf zu verhindern, dass sich das Sowjet-imperium und seine Einflusssphäre ausbreiten. Unter dem Eindruck ihrer atomaren Vorherrschaft strebten die USA in der ersten Hälfte der 1950er Jahre sogar danach, diese Ausbreitung rückgängig zu machen – *roll back*. Das erwies sich bald als Illusion, wie die passive amerikanische Reaktion auf die Niederschlagung des Ungarnaufstands 1956 und die Duldung des Berliner Mauerbaus 1961 verdeutlichten. Beide Ansätze implizierten eine Außenwirtschaftspolitik, die der gegnerischen Seite möglichst wenig Vorteile bringt nach dem Motto »trade with the enemy is not done« – eben Kalter Krieg. Eindämmung und Rollback verlagerten sich dann in die Dritte Welt, wo zahlreiche Entwicklungsländer die geopolitische Konfrontation handels- und kreditpolitisch auszunutzen verstanden, d. h. hier wurden unter der Überschrift »Entwicklungshilfe« auch positive Anreize zur Eindämmung bzw. von der anderen Seite zur Ausbreitung ihres Einflussbereichs eingesetzt.

Eine andere Strategie gegenüber den sozialistischen Ländern und damit auch in der Deutschlandpolitik wurde die Grundlage für Willy Brandts »Neue Ostpolitik«: Wandel durch Annäherung. Egon Bahr hatte in seiner »Tutzinger Rede« von 1963 diesen Strategiewechsel begründet. Ausgangspunkt war die Überzeugung, dass Zugeständnisse der Gegenseite nur dann zu erwarten sind, wenn diese daran ein Interesse hat. Vor allem dem freieren Handel kam dabei eine wichtige Funktion zu. Wenn sich die Lebenssituation im Osten verbessert, weckt das Erwartungen und wird das autoritäre System von innen zu Reformen zwingen. Zwei Überlegungen treffen hier zusammen, Kurt Schumachers »Magnettheorie« und die Idee des *doux commerce* der liberalen Aufklärung.

Kurt Schumacher plädierte bereits 1947 für den Wettbewerb der Systeme, wobei er noch nicht die soziale Marktwirtschaft vor Augen hatte: »Es ist realpolitisch vom deutschen Gesichtspunkt aus kein anderer Weg zur Erringung der deutschen Einheit möglich als diese ökonomische Magnetisierung des Westens, die ihre Anziehungskraft auf den Osten so stark ausüben muß, daß auf die Dauer die bloße Innehabung des Machtapparates dagegen kein sicheres Mittel ist.«[11] An der Anziehungskraft der späteren Bundesrepublik für die ostdeutschen Bürger konnte kein Zweifel bestehen. Der sozialistische Machtapparat hat alles unternommen, um erst die Tür zum Westen zu schließen (Mauerbau) und dann die Fenster geschlossen zu halten (Abgrenzung und Isolation der eigenen Bevölkerung). Das fiel mit der Annäherungspolitik immer schwerer. Die Erkenntnis, dass »die bisherige Politik des Drucks und Gegendrucks nur zu einer Erstarrung des Status quo geführt hat«, d. h. die bestehenden Verhältnisse der Konfrontation stabilisiert hat, machte für Bahr den Strategiewechsel plausibel: »Das Vertrauen darauf, daß unsere Welt die bessere ist, die im friedlichen Sinn stärkere, die sich durchsetzen wird, macht den Versuch denkbar, sich selbst und die andere Seite zu öffnen und die bisherigen Befreiungsvorstellungen zurückzustellen.«[12]

Im Ancien Régime war der Merkantilismus, die Konkurrenz der Staaten, die vorherrschende Grundordnung der internationalen Beziehungen, darauf gerichtet, das ökonomische und militärische Potenzial des Landes zu stärken. Mit den Ideen des Liberalismus in der Aufklärung entwickelte sich eine ganz andere Ideologie, *le doux commerce*. Danach bringt der freie Handel, wobei unabhängige, dem eigenen Interesse folgende Wirtschaftseinheiten ihre Produkte tauschen, eine herrschaftsfreie Gesellschaft und damit Wohlstand und Frieden zustande.[13] Der Markt kommt mit einem Minimum an Staat, nämlich dem Rechtsstaat, aus. Grundsätzlich ist der Markt globaler Natur. Vom (freien) Handel geht eine zivilisierende Wirkung aus. Denn da man den Handel als Spiel mit einer positiven Summe erkannt hatte, mussten alle Beteiligten daran interessiert sein, ihn ungehindert ablaufen zu lassen. Das blieb eine Utopie. Denn mit der Französischen Revolution entstand der Nationalstaat, womit den individuellen Interessen, denen im Freihandel am besten gedient ist, kollektive, nationale Interessen gegenübergestellt wurden, die neomerkantilistische Strategien nicht grundsätzlich ausschlossen. War im Absolutismus die Selbstherrschaft des Monarchen sozusagen systemtypisch, so schuf in der bürgerlichen Gesellschaft das wachsende Gewicht des Staates für potenzielle Autokraten die Möglichkeit, mit populistischen Strategien eine Machtposition zu erobern und entgegen den wohlverstandenen individuellen Interessen auszubeuten.

Die Außenpolitik, und damit auch die Außenwirtschaftspolitik, gegenüber autoritären Regimen kann sich an zwei Grundmustern ausrichten: Konfrontation oder Annäherung. In beiden Fällen ist die Zielsetzung die gleiche: eine Transformation in Richtung auf eine freiheitliche Demokratie und die Respektierung der Menschenrechte zu bewirken. Doch in beiden Fällen ist nicht sicher, ob die gewählte Strategie nicht das Gegenteil zur Folge hat und das autoritäre Regime stabilisiert wird. Hier interpretieren die Falken und die Tauben die historischen Entwicklungen unterschiedlich: Ist der Sowjetsozialismus unter dem Druck des Westens zusammengebrochen oder hat er sich, vor allem an seiner Peripherie, unter dem Eindruck der westlichen politisch-ökonomischen Situation im Laufe der Zeit aufgeweicht? Eine solche vereinfachende Fragestellung wird zweifellos nicht der Komplexität des Prozesses gerecht.

Der aktuelle Fall, das Wiederaufgreifen der Breschnew-Doktrin durch den russischen Überfall auf die Ukraine, fordert eine klare Reaktion. Die Sanktionen fallen heftiger aus als 1956 beim sowjetischen Eingreifen im Ungarn-Aufstand und 1968 beim Einmarsch in die Tschechoslowakei. *Trade with the enemy is not done* – kann das uneingeschränkt gelten? Sicher, das alte CoCom-Embargo wurde unmittelbar wiederbelebt und andere Sanktionen auferlegt, die in der heutigen Situation vor allem auch den Finanzsektor erfassen. Zahlreiche westliche Unternehmen brechen ihr Engagement in Russland ab oder fahren es zurück. Doch lassen sich kurzfristig die Öl-, Gas- und Kohleimporte aus Russland unterbinden, die für Russland lebenswichtige Einnahmen generieren? Ebenso lebenswichtig sind sie für die Energieversorgung Deutschlands und der EU, sodass es am Ende offen ist, welche Seite als letztes Mittel den Gashahn zudreht. Man geht auf Konfrontation, doch wie im Kalten Krieg bleibt ein Minimum an politischer und ökonomischer Kooperation bestehen. Dabei handelt es sich kaum um *doux commerce*, aber wechselseitige Interessen halten die Kommunikation aufrecht.

Globalisierung

Der Kalte Krieg spielte sich in einer Welt ab, in der die Gegenüberstellung zweier antagonistischer Systeme als realistische Beschreibung gelten konnte und in der beide Seiten ihre eigenen Vorstellungen davon hatten, wer die Guten und wer die Bösen in diesem Film waren. Mit dem Zusammenbruch des Sowjetsystems und dem Ende des Kalten Krieges hat sich das Bild grundlegend gewandelt, auch wenn Russland mit dem Überfall auf die Ukraine noch einmal in die 1950er und 1960er Jahre zurückzufallen scheint. Der neue Film läuft unter dem Titel »Globalisierung«, was nicht nur eine bestimmte Handels- und Finanzpolitik beinhaltet, sondern die politische, wirtschaftliche, soziale und kulturelle Multipolarität zum Ausdruck bringt. Doch hier beschränken wir uns auf die internationalen Wirtschaftsbeziehungen.

Es ist deutlich, dass die Größe eines Landes die Intensität bestimmt, mit der der globale Charakter der internationalen Verflechtungen wahrgenommen wird. Schaut man sich die Außenhandelsquote für Güter und Dienstleistungen an, die 2020 für Deutschland 82 % betrug und 2016 für die USA 28 %, dann wird deutlich, um wie viel stärker die deutsche Wirtschaft globalisiert ist. Diesen Unterschied erklärt nicht allein die Größe des Binnenmarkts, sondern auch unterschiedliche strategische Positionen der Unternehmen. Beide Länder sind Netzknoten im Geflecht der internationalen Verteilung der Produktionsaufgaben. Denn nicht mehr Rohstoffe und Endprodukte sind für den internationalen Handel bestimmend, sondern die Produktionskooperation über Grenzen hinweg. Produktionsaktivitäten und die sie verbindenden Lieferketten werden immer mehr aufgespalten, sodass ein reger Verkehr von Vor- und Zwischenprodukten zwischen einzelnen Ländern stattfindet und sich Liefer- und Verbrauchsnetzwerke herausbilden.

Typisch ist der sogenannte Central European Manufacturing Core, in dem zumeist deutsche Unternehmen die Produktionspotenziale und Kostenvorteile der ostmitteleuropäischen Länder nutzen und damit ihre internationale Wettbewerbsfähigkeit steigern. Ein weiteres Beispiel ist das Netzwerk der Informations- und Kommunikationstechnologie, in dessen Zentrum sich Taiwan, Südkorea und China befinden und damit die Multipolarität der Weltwirtschaft verdeutlichen. Wie die hohe Konzentration des amerikanischen Außenhandels zeigt, verteilen die amerikanischen Unternehmen ihre Produktionsaufgaben auf weniger Partner. Das hat sicher geografische Gründe: In der North American Free Trade Area (NAFTA) sind gerade einmal drei Länder, d. h. die USA und ihre beiden Nachbarn, zusammengeschlossen. In der EU, in deren Mitte sich Deutschland befindet, bilden 27 Partnerländer den Gemeinsamen Markt.

Der Aufbau globalisierter Wertketten ist ein langfristiger Prozess, der zumeist mit umfangreichen Direktinvestitionen verbunden ist. Politische Risiken spielen bei solchen Entscheidungen sicher eine Rolle, politische Präferenzen dagegen eher nicht. Das Auftauchen eines Autokraten in wichtigen Partnerländern (von Putin über Xi Jinping, Trump, Erdoğan und Orbán zu Modi) mag Schwierigkeiten mit sich bringen, der Globalisierungszug wird dadurch nicht gestoppt. Und so kann es nicht verwundern, dass sich 2020 unter den 50 dem Umsatz nach größten Handelspartnern Deutschlands immerhin 15 Länder befanden, die als Autokratien eingestuft wurden und die ein Fünftel des Außenhandelsumsatzes für sich in Anspruch nahmen. Dazu zählen so bedeutende Partner wie China, Russland, Ungarn und die Türkei.

China ist inzwischen der größte Handelspartner der EU und auch Deutschlands. Die Wirtschaftsordnung Chinas lässt in bestimmten Bereichen Privateigentum und marktwirtschaftliche Koordination zu. Doch die Kommandohöhen der Wirtschaft, vor allem der Finanzsektor, bleiben fest in Händen von Staat und Partei. So weist China noch immer wesentliche Züge einer Zentralplanwirtschaft auf. Am autoritären Charakter der Herrschaftsform besteht kein Zweifel: Die Kommunistische Partei ist die alleinige Staatspartei und übt ihr politisches Monopol konsequent aus, wie z. B. die Unterdrückung der demokratischen Kultur in der ehemaligen britischen Kronkolonie Hongkong deutlich macht.

Zwar auf anderem Weg, aber der Intention nach ähnlich wie die stalinistische Sowjetunion unmittelbar nach dem Zweiten Weltkrieg, versucht China, seine internationale Einflusssphäre auszudehnen (»Neue Seidenstraße«). Damals, d. h. 1947, haben die USA die Strategie des *containment* (der Eindämmung) nicht allein mit ökonomischen Mitteln mehr oder minder erfolgreich durchgesetzt. Die Sowjetunion war mit Ausnahme von Rüstung und Raumfahrt kein Zentrum der Innovation. Ihr Außenhandel konzentrierte sich weitgehend auf Rohstoffe und Energieträger. Die USA brauchten wirtschaftlich keine Rücksicht auf die Sowjetunion zu nehmen.

Ökonomisch blieb diese für die USA irrelevant. Das erleichterte den Kalten Krieg. Für Deutschland oder generell für Europa war die Situation schon damals weniger eindeutig.

Die G7-Staaten sehen sich als Repräsentanten liberaler Demokratie und marktwirtschaftlichen Wettbewerbs. Doch ob ihnen eine wirksame Eindämmung der chinesischen Expansion unter den heutigen Bedingungen gelingen könnte, darf bezweifelt werden. Denn zum einen erfolgt diese Expansion nicht nur politisch-militärisch im geografischen Raum, sondern hauptsächlich ökonomisch und bezieht damit die Industriestaaten der G7 mit ein, was die Außenhandelszahlen belegen.

Das Phänomen der grenzüberschreitenden Produktionszusammenarbeit wurde bereits erwähnt. Chinesische Konzerne, auch Staatskonzerne, sind darüber hinaus Großaktionäre westlicher Unternehmen, z. B. bei VW und Daimler. Zum anderen bringt es Globalisierung mit sich, dass alle Konkurrenten gleichzeitig Partner sind, die den Prozess nur gemeinsam sinnvoll gestalten können, sodass sich eine Entkoppelung von China von vornherein verbietet. Evident wird das in der Klimapolitik. Trotzdem versuchen die USA, im pazifischen Raum eine Front der Eindämmung zu errichten, d. h. sie versuchen, Politik und Wirtschaft voneinander getrennt zu halten. Als Strategie autoritären Regimen gegenüber könnte man das partielle Nichteinmischung nennen.

Die Wirtschaftspolitik, die die EU und in ihrem Verbund auch Deutschland gegenüber China verfolgen, ist deshalb eine höchst sensible Angelegenheit. Damit müssen sich auch Unternehmen auseinandersetzen, selbst wenn es am Ende der Staat bzw. die EU ist, auf deren Kompetenz und Verhandlungsmacht man vertraut und von denen man in vielen Bereichen politische Aktivität erwartet.[14] Das zeigt sich beispielhaft am Investitionsabkommen (EU-China Comprehensive Agreement on Investment – CAI), auf das sich beide

Seiten Ende 2020 im Grundsatz geeinigt haben. Die Ratifizierung des Abkommens steht allerdings noch in den Sternen. Einerseits ist es sinnvoll, die Wirtschaftsbeziehungen zu einem Haupthandelspartner auf vertragliche Basis zu stellen. Andererseits ist das Europäische Parlament nicht bereit, der Ratifikation zuzustimmen, solange seine Mitglieder von China mit Sanktionen belegt sind, weil sie die Menschenrechtslage, insbesondere die Unterdrückung der uigurischen Minderheit, kritisiert haben. Ein besonders heißes Eisen ist der politische Status Taiwans (der Republik China), dessen staatsrechtliche Souveränität von der Volksrepublik China beansprucht wird. Selbst die USA tun sich schwer mit der Anerkennung der Souveränität Taiwans. Wagt sich ein Land, wie jüngst Litauen, zu weit vor, setzen unmittelbar Sanktionen der Volksrepublik ein.

Ganz generell betreffen in autoritären Staaten viele Sanktionen die Zivilgesellschaft, die in solchen Regimen ein systemwidriges Element darstellt. In China wie in Russland oder Belarus sind Repressionen der Zivilgesellschaft an der Tagesordnung. Ein Dorn im Auge solcher Regime sind vor allem auch ausländische Organisationen wie NGOs oder politische Stiftungen. Es ist allerdings fraglich, inwieweit handelspolitische Vereinbarungen als Hebel genutzt werden können, die Lage der Zivilgesellschaft zu verbessern.

Im Verkehr zwischen Marktwirtschaften und Zentralplanwirtschaften liegen die Schwierigkeiten der Verifikation von Vereinbarungen auf der Hand. Die Intention des CAI aus europäischer Sicht ist, faire Wettbewerbsbedingungen zu schaffen (*levelling the playing field*).[15] Dazu gehört aber auch der Ausschluss von Menschenrechtsverletzungen. Zum Beispiel wird China dazu angehalten, der Konvention der International Labor Organization (ILO) gegen Zwangsarbeit beizutreten.

Die Kontrolle solcher Vereinbarungen bleibt in autokratischen Systemen jedoch ein Problem. Denn die wichtige Informationsfunktion der Medien fällt fort, solange diese sich in den Händen von Staat und Partei befinden bzw. von diesen Institutionen reguliert und überwacht werden. Die Interna von Politik und Wirtschaft spielen sich hinter einer Nebelwand der staatlichen Kontrolle ab. Staatliche Eingriffe in die Wirtschaft, die den Wettbewerb verzerren können und deshalb beispielsweise innerhalb der EU unzulässig oder genehmigungspflichtig sind, kann eine autokratische Planwirtschaft relativ problemlos verschleiern.

Die Globalisierung hat die zweigeteilte Welt (mit einer marginalisierten Dritten Welt) aufgelöst und eine multipolare Welt geschaffen. Der einfache Schlachtruf »Hie Welf, hie Waiblingen!« hat seine Gültigkeit verloren. Nicht dass alle Länder gleich einflussreich wären. Doch viele Länder spielen im Konzert der Nationen mit und sind eingebunden in das Geflecht des internationalen Handels und der Finanzen. Darunter befinden sich nicht wenige autokratisch regierte Länder. Wie geht man mit ihnen um? Die Vereinten Nationen haben die Linie vorgegeben: Unterhalb der Schwelle einer Gefährdung für Weltfrieden und Sicherheit ist die Souveränität aller Länder zu respektieren. Die wechselseitige Abhängigkeit im globalen Kontext lässt das einseitige Sanktionsinstrumentarium nur noch in Einzelfällen sinnvoll erscheinen. Mit Gütern und Diensten exportiert man aber auch Ideen. Lebt damit die Utopie des *doux commerce* wieder auf? Gleichen sich mit dem Lebensstandard die politischen und sozialen Kulturen bei aller Diversität auf die Dauer aneinander an? Die Transformation der postsozialistischen Länder gibt darauf keine eindeutige Antwort.

Unmittelbar nach der Wende herrschte die Meinung vor, mit dem Zusammenbruch des Sowjetsozialismus sei die Ära der liberalen Demokratie auch in Osteuropa angebrochen. Ein gutes Vierteljahrhundert später bietet sich ein differenzierteres Bild: Autoritäre Regime, illiberale Demokratien, illiberaler Kapitalismus sind in der

Region weit verbreitet.[16] Mit den Folgen hat in erster Linie die Bevölkerung in den jeweiligen Ländern fertigzuwerden. Doch wie die Beispiele Polens und Ungarns verdeutlichen, haben auch die Partner in der EU ihre Probleme damit, dass sich einzelne autoritäre Regime nicht an die Regeln, den Acquis communautaire, halten, den sie bei ihrem Beitritt zur Union als allgemeinverbindlich akzeptiert hatten. Intensiver wirtschaftlicher Zusammenarbeit und einem ständig wachsenden Handelsverkehr hat das bislang keinen Abbruch getan.

Anmerkungen

1   Bogdan C. Jacob/James Mark/Tobias Rupprecht, The Struggle Over 1989. The Rise and Contestation of Eastern European Populism, in: Ferenc Laczó/Luka Lisjak Gabrijelčič (Hrsg.), The Legacy of Division. East and West after 1989, Budapest 2020, S. 123–133; Ivan Krastev/Stephen Holmes, The Light that Failed. A Reckoning, London 2020.

2   Fareed Zakaria, The Rise of Illiberal Democracy, in: Foreign Affairs 76/8 (1997), S. 22–43, hier: S. 22.

3   Freedom House, Freedom in the World. Democracy under Siege, Washington 2021.

4   Nazifa Alizada et al., Autocratization Turns Viral, Democracy Report, V-Dem Institute 2021, https://www.v-dem.net/media/filer_public/74/8c/748c68ad-f224-4cd7-87f9-8794add5c60f/dr_2021_updated.pdf (abgerufen 22.2.2022).

5   James Gwartney et al., Economic Freedom of the World 2020, Fraser Institute 2020, https://www.fraserinstitute.org/sites/default/files/economic-freedom-of-the-world-2020.pdf (abgerufen 22.2.2022).

6   UN-Resolution 48/124, Achtung vor den Grundsätzen der nationalen Souveränität und der Nichteinmischung in die inneren Angelegenheiten der Staaten bei Wahlvorgängen, 20.12.1993, https://www.un.org/Depts/german/gv-48/ar48124.pdf (abgerufen 22.2.2022).

7   UN-Resolution, Security Council Resolution 678 (1990), 29.11.1990, https://www.un.org/Depts/german/sr/sr_90/sr678-90.pdf (abgerufen 22.2.2022).

8   Rat der Europäischen Union, Leitlinien zur Umsetzung und Evaluierung restriktiver Maßnahmen (Sanktionen) im Rahmen der Gemeinsamen Außen- und Sicherheitspolitik der EU, 4.5.2018, https://data.consilium.europa.eu/doc/document/ST-5664-2018-INIT/de/pdf (abgerufen 22.2.2022).

9   Markus Engels/Petra Schwartz, Alliierte Restriktionen für die Außenwirtschaftspolitik der Bundesrepublik Deutschland. Das Röhrenembargo von 1962/63 und das Erdgas-Röhren-Geschäft von 1982, in: Helga Haftendorn/Henning Riecke (Hrsg.), »... die volle Macht eines souveränen Staates ...«. Die Alliierten Vorbehaltsrechte als Rahmenbedingung westdeutscher Außenpolitik 1949–1990, Baden-Baden 1996, S. 227–242.

10 Nicholas Mulder, The Trading with the Enemy Acts in the Age of Expropriation, 1914–49, in: Journal of Global History 15 (2020), S. 81–99.

11 Zitiert in Werner Abelshauser, Zur Entstehung der »Magnet-Theorie« in der Deutschlandpolitik, in: Vierteljahrshefte für Zeitgeschichte 27 (1979), S. 661–679, hier: S. 661.

12 Egon Bahr in Bernd Stöver, Egon Bahr, »Wandel durch Annäherung«. Rede in der Evangelischen Akademie Tutzing (Tutzinger Rede), 15.7.1963, in: 100(0) Schlüsseldokumente zur deutschen Geschichte im 20. Jahrhundert, S. 6, https://www.1000dokumente.de/?c=dokument_de&dokument=0091_bah&object=context&l=de (abgerufen 22.2.2022).

13 Albert O. Hirschman, The Passions and the Interest. Political Arguments for Capitalism Before Its Triumph, Princeton 2013 (1977).

14 BDI, Grundsatzpapier China. Partner und systemischer Wettbewerber – Wie gehen wir mit Chinas staatlich gelenkter Volkswirtschaft um?, 10.1.2019, https://bdi.eu/media/publikationen/#/publikation/news/china-partner-und-systemischer-wettbewerber (abgerufen 22.2.2022).

15 Gisela Grieger, EU-China Comprehensive Agreement on Investment. Levelling the Playing Field with China. Briefing, März 2021, https://www.europarl.europa.eu/RegData/etudes/BRIE/2021/679103/EPRS_BRI(2021)679103_EN.pdf (abgerufen 22.2.2022).

16 Magdalena Solska/Florian Bieber/Dane Taleski (Hrsg.), Illiberal and Authoritarian Tendencies in Central, Southeastern and Eastern Europe, Bern 2019; Bálint Magyar/Bálint Madlovics, The Anatomy of Post-Communist Regimes. A Conceptual Framework, Budapest 2020.

Von Handelskonflikten zu Wirtschaftskriegen – über die fließenden ethischen Grenzen im Umgang mit Autokratien

VON NILS OLE OERMANN

Wer Handel treibt, kann sich seine Partner zuweilen aussuchen. Manchmal führt aber auch die rein ökonomische Notwendigkeit dazu, dass man mit einem problematischen Gegenüber oder mit Regimen oder Autokratien ins Geschäft kommt, weil diese den Welthandel dominieren.

Ethik im Kantschen Sinne stellt die Frage: Was soll ich tun? Was ist zu tun, wenn solche Handelsbeziehungen in all ihren internationalen Verpflichtungen eskalieren und Wirtschaft am Ende als Waffe eingesetzt wird?

Wer diese Frage für eine theoretische hält, der betrachte sich die jüngste Entwicklung der Beziehungen zwischen den USA und China aus der Perspektive Bismarckscher Realpolitik. Will heißen: Handel schafft notwendig im Guten wie im Schlechten enge Verbindungen. Aus Wirtschaft wird transnationaler Wettbewerb, aus Wettbewerb wird Wettstreit und aus Wettstreit um Hegemonie entstehen Konflikte, ja Kriege. In einem immer stärker globalisierten Handel gilt dies aufgrund wachsender Interkonnektivität umso mehr.[1] Und es gibt zu viele, die vom Wohlstand durch Globalisierung schwärmen und achselzuckend an deren Opfern vorbeisehen; die den Freihandel loben und ihn zum eigenen Vorteil verhindern; die eine »regelbasierte internationale Ordnung« preisen, darin aber bloß Trittbrettfahrer sein wollen und die Instandhaltungskosten anderen überlassen.

Gleichzeitig wollen die meisten Menschen mehr als nur leben – sie wollen gut leben. Dafür arbeiten sie, dafür arbeiten sie mit anderen zusammen, und dafür arbeiten sie gegen andere an. Schon im friedlichen Handel und Wandel steckt harter Wettkampf, ja strukturelle Gewalt: Wer bietet wo die beste Ware, produziert am günstigsten, macht den meisten Gewinn? Wer schlägt die Konkurrenten aus dem Feld? Was Ordnungshüter »die Fähigkeit zur Aggression« (»the gift of aggression«[2]) nennen, das kennzeichnet auch so manchen ehrbaren Unternehmer und sein Handeln; es hat zu Begriffen wie »schöpferische Zerstörung« (Joseph Schumpeter) geführt. Die Zerstörung alter Strukturen durch fähige Unternehmer erhöht meist die allgemeine Wohlfahrt.

Selbst ein vollkommen friedlich und fair erreichter, großer volkswirtschaftlicher Erfolg jenseits eines Involvements mit Autokratien entwickelt allzu schnell ein Eigenleben und erzeugt immer weiter ausgreifende und angreifende Sachzwänge, die national wie transnational zu vielfältigen Konfliktursachen werden können: Je erfolgreicher ein Land sich industrialisiert, desto mehr Rohstoffe müssen her und desto größere Absatzgebiete und immer längere Liefer- und Vertriebswege verlangen nach immer mehr Infrastruktur. Je weiter das entsprechende Netz von Handelsniederlassungen und Auslandsinvestitionen, von Schürf- und Transportrechten, Lieferverträgen und Wirtschaftsabkommen, Häfen und Kanälen, Eisenbahntrassen und Flugplätzen ausgebaut wird, desto mehr wird dieses Netz wie von selbst zu einem internationalen Einflussfaktor und gewinnt Freunde, Verbündete und Abhängige, und desto mehr erscheint das Erreichte seinen Erbauern schützenswert und schutzbedürftig – was nahelegt, spätestens jetzt auch militärische Macht zu projizieren. All das weckt nur zu leicht den Argwohn anderer. Die erblicken womöglich selbst in fairen Handels- und Finanzbeziehungen ein Austauschverhältnis, von dem sie relativ weniger als die Gegenseite profitieren, eine Leiter, auf der der Gegner von morgen ihnen über den Kopf steigt und die er umstößt, sobald er sich auf den »kommandierenden Höhen der Weltwirtschaft« festgesetzt hat, von denen schon Lenin sprach. Darum lautet ein Schlüsselbegriff zum Thema Wirtschaftskriege: Latenz.

Latenz bedeutet das allmähliche, zuerst kaum wahrnehmbare Reifen von Entwicklungen, das sachte Heranrücken der Ereignisse, das langsame Erkennen der im Gegebenen schlummernden Möglichkeiten.[3] Für die Latenz vor dem Umschlag haben Groß- und Hegemonialmächte meist empfindlichere Fühler und ein wacheres Bewusstsein als Klein- und Mittelmächte. Die neigen mangels Gestaltungsmacht eher dazu, sich in den Gegebenheiten einzurichten und zu hoffen: Meine Nische wird schon nicht verschwinden.

Bereits im friedlichen Handel und Wandel also stecken viel Druck und Stress, persönliches Leid und riskante internationale Dynamik. Oft bleibt es aber nicht friedlich, wo es um Handel, Rohstoffe und Märkte geht. Durch die Jahrhunderte wurden Zwischenhändler physisch ausgeschaltet, fremde Handelsstationen zerstört, Monopole aller Art errichtet, exklusive Wirtschafts- und Fischereizonen behauptet und mit Gewalt durchgesetzt, Länder okkupiert und Völker unterdrückt – alles für Machterhalt und weitere Expansion. Dabei wirken Staatsgewalt und Privatwirtschaft eng zusammen. Mal übernimmt die eine, mal die andere das operative Geschäft, und obendrein sind sie Gestaltwechsler: Hier verkappt sich der Staat als Unternehmen,[4] dort übernehmen Firmen Hoheitsgewalt und stellen dafür ganze Armeen auf, wie es zum Beispiel die East India Company und ihr niederländisches Pendant getan haben.

Welche Akteure sind mit wirtschaftlichen Zielen oder Mitteln aggressiv, und was versprechen sie sich davon? Das hängt von der jeweiligen politischen Ordnung ab, vom Stand der Produktivkräfte und der volkswirtschaftlichen Erkenntnisse und Denkgewohnheiten, von den logistischen und militärischen Möglichkeiten, von der öffentlichen Meinung (falls zugelassen), von der relativen Stärke der beteiligten Staaten und vom Weltbild und den Erwartungen der Entscheider. Da liegt natürlich jeder historische Fall etwas anders, und die Faktoren der jeweiligen Willensbildung lassen sich im Nachhinein oft nur schwer rekonstruieren, gewichten und eindeutig bewerten. Doch lässt sich mit Blick auf Wirtschaftskriege immerhin eine wichtige geistesgeschichtliche Zäsur erkennen, und eine beliebte Theorie über den angeblichen Haupttreiber der meisten Konflikte lässt sich ausschließen.

It's not the capitalists, stupid!

Zu der geistesgeschichtlichen Zäsur: Im Frankreich der absoluten Könige diente noch alles Wirtschaften vor allem der Macht des Staates, verkörpert in der Person des Monarchen, und es erschien nach der herrschenden merkantilistischen Wirtschaftslehre plausibel, möglichst viel ans Ausland zu verkaufen und möglichst wenig von dort einzukaufen. Außenpolitik und Außenhandel wurden als ein Nullsummenspiel um Macht und Reichtum betrachtet. Für merkantilistisch denkende Akteure hatten Wirtschaftskriege aller Hitzegrade eine viel größere Plausibilität und ökonomische Unbedenklichkeit als für Regierungen und Gesellschaften, die bereits mit dem Freihandelsgedanken nach Adam Smith und David Ricardo vertraut waren[5] und deren Volkswirtschaften sich mit anderen in tausenderlei Zusammenhängen verzahnt hatten. Auch sie strebten nach Wohlstand und Einfluss für ihre Nation, nach Gold und Größe für das Vaterland. Diese Postmerkantilisten erkannten aber zunehmend in Krieg und Wirtschaftskrieg eine Störung der internationalen Arbeitsteilung, die insgesamt zu Wohlstandseinbußen führt. Das hatte Folgen für die Faktoren und Interessengruppen, die bei der Entscheidung zum Kampf den Ausschlag gaben. Zwar gab es weiterhin mehr Protektionismus als Freihandel, und es wurden auch nach 1820 weiter Wirtschaftskriege geführt und Militärkriege mit wirtschaftlichen Zielen. Viele europäische Mächte verhielten sich auch militärisch in Einklang mit der Palmerston-Devise »it is the business of the Government to open and to secure the roads for the merchant« (»es ist die Aufgabe der Regierung, dem Händler die Wege zu öffnen und zu sichern«).[6] Aber es findet sich (selbst in der Phase des Neoimperialismus[7]) kaum ein Fall, in dem eine wirtschaftliche Interessen- und Lobbygruppe für die Entscheidung zum bewaffneten Konflikt ausschlaggebend war. Dieser generelle Befund bedeutet: Marxistische Theorien über den Kapitalismus als Hauptkriegsursache und über Kapitalisten als die ausschlaggebenden Kriegstreiber verfehlen die Wirklichkeit.[8] Gewiss, Kapitalisten wollen an allem verdienen, auch am Krieg; aber sie zetteln ihn nicht an, schon gar nicht mit historisch-materialistischer Gesetzmäßigkeit, und je mehr Kapitalisten es gibt und je breiter sie über die Branchen verteilt sind, desto mehr von ihnen haben durch Krieg viel zu verlieren, wissen das auch und sagen es laut (wenn sie dürfen). Besonders Bankiers verabscheuen Krieg geradezu,[9] weil er unkalkulierbare Unsicherheit bedeutet. Darum trifft empirisch anscheinend eher das Gegenteil zu: Kapitalistische, demokratische und nicht protektionistisch eingestellte Staaten sind wohl weniger häufig in militärische Konflikte verwickelt als Nationen, die anders strukturiert und gestimmt sind.

Staatliche Entscheidungen zu Krieg und Wirtschaftskrieg haben andere Gründe als das reine Erwerbsinteresse kleiner interessierter Kreise. Entschieden wird meist aus Sorge um die künftige nationale Sicherheit, die immer auch auf Handelserwartungen und Versorgungssicherheit gebaut ist, aus Nationalismus und Sendungsbewusstsein, aus Furcht vor den möglicherweise bösen Absichten anderer Mächte und aus Furcht vor dem eigenen Abstieg im weltweiten Machtgefüge. Diese zeitlosen[10] politischen Motive sind und bleiben virulent in den Staatenbeziehungen. Sie sorgen zugleich für eine zwischenstaatliche Grundspannung auch in Friedenszeiten, die einem rauen Wettbewerbsklima in der Privatwirtschaft entspricht. Mit Recht stellt John A. C. Conybeare fest: »Warum haben wir nicht die ganze Zeit Wirtschaftskriege? Vielleicht ist die vernünftigste unmittelbare Antwort: Haben wir doch! (...) Es herrscht im System immer ein gewisses Maß an Wirtschaftskrieg, aber es befindet sich nicht immer auf sehr hohen Konfliktstufen.«[11] Selbst in Organisationen, die der internationalen Zusammenarbeit dienen, wird unerbittlich um nationale Vorteile gerangelt.

Für die aufrichtigen Befürworter einer friedlich-kooperativen, vertrauensbasierten, an liberalen Werten orientierten Weltinnenpolitik ist das von unverständlicher Tragik. Noch dazu werden heutzutage ihre gut gemeinten Appelle in Asien und Afrika oft bloß als Zeichen des Niedergangs des Westens aufgenommen oder als Ausdruck von dessen alter Scheinheiligkeit.

Drei Arten von Wirtschaftskrieg

Alan Milward schreibt in seiner Geschichte der Weltwirtschaft im Zweiten Weltkrieg, der Ausdruck Wirtschaftskrieg (*economic warfare*) impliziere »kurioserweise (...), daß es auch eine Art von Krieg gebe, die mit Wirtschaft nichts zu tun habe«.[12] Tatsächlich hat natürlich jeder bewaffnete Konflikt eine wirtschaftliche Dimension:

Es braucht Vorinvestitionen, um ihn zu beginnen, es braucht Nachschub und Bezahlung, um ihn zu unterhalten, und er hat vielfältige wirtschaftliche Nebenfolgen und Opportunitätskosten. Kriege sind immer neben dem militärischen Kräftemessen auch ein Abgleich der wirtschaftlichen und finanziellen Macht.

Auch die »neuen Kriege« (Herfried Münkler) unserer Tage haben ihre »Ökonomie der Gewalt«. Das Neue an ihnen ist 1. die Entstaatlichung und Privatisierung dank relativ geringer Kosten, 2. die Ungleichartigkeit der Gegner (Milizen/Partisanen/Terroristen gegen staatliches Militär und/oder gegen die Zivilbevölkerung) und 3. die Autonomisierung der Akteure und ein Verschwimmen von Politik und organisierter Kriminalität. Ihre Ökonomie der Gewalt lautet: Ein Überangebot ungelernter Jugendlicher ohne zivile Berufsaussichten wird mit heutzutage spottbilligen und schon für Kinder leicht zu bedienenden Handfeuerwaffen ausgestattet und damit beschäftigt, von der Zivilbevölkerung handelbare Güter (auch: Rauschgift) und Geld zu erpressen oder Rohstoffe abzuzweigen. Das führt zu humanitären Katastrophen, ruiniert die betroffenen Gesellschaften und Staaten langsam, aber sicher, und macht sie auf humanitäre Hilfe angewiesen, die wiederum von den Kriegführenden teils abgeschöpft, teils gegen Schutz- und Transportgebühren durchgelassen und verteilt werden kann.[13] Für private Kriegsunternehmer *(war lords)* ist alles das ein lukratives Geschäft, für die Weltwirtschaft peripher lästig, für Schutzgelder und Wachmannschaften bezahlende transnationale Rohstoffunternehmen ein Ausgabenposten unter »nützliche Aufwendungen«, und für die menschheitliche Innovationsbilanz, die dem Krieg viel verdankt, irrelevant.

Krieg ohne Wirtschaft gibt es also nicht. Dennoch lässt sich das Wort Wirtschaftskrieg mit mindestens drei unterschiedlichen Bedeutungen sinnvoll verwenden.[14]

1. Krieg mit wirtschaftlichem Ziel

Erstens dient das Wort Wirtschaftskrieg zur Bezeichnung von bewaffneten Konflikten, die mit primär wirtschaftlichem Ziel geführt werden, wie z. B. der Salpeterkrieg. Mit dieser Bedeutung wurde und wird »Wirtschaftskrieg« vor allem als politischer Kampfbegriff und als Vorwurf gebraucht.

Der Versailler Vertrag zog privates deutsches Auslandsvermögen zu Reparationszwecken ein (die betroffenen Eigentümer habe das Deutsche Reich zu entschädigen![15]) und erlegte den Besiegten auf Jahrzehnte hinaus hohe Reparationslasten auf. Auch darin sah man auf deutscher Seite verwirklicht, was angeblich schon vor Kriegsausbruch und dann auf der Pariser Wirtschaftskonferenz von 1916 geplant worden sei – Deutschland wirtschaftlich auszuschlachten und auf unabsehbare Zeit niederzuhalten.[16] Deutsche Autoren der Zwischenkriegszeit folgerten, künftig werde wohl jeder Militärkrieg nur noch Mittel sein, »um die Ansprüche der Volkswirtschaft durchzusetzen«,[17] während aufseiten der Sieger viele meinten, nun werde Deutschland eben dafür zahlen, was es angerichtet habe.

2. Kampf gegen die feindliche Kriegswirtschaftskraft im bewaffneten Konflikt

Die zweite gängige Bedeutung von »Wirtschaftskrieg« lautet »Kampf gegen die feindliche Kriegswirtschaftskraft«.[18] Hier soll vorrangig nicht (wie bei 1.) ein ökonomischer Vorteil in der Nachkriegszeit erreicht werden, sondern ein militärischer Vorteil im laufenden bewaffneten Konflikt. Diesem Zweck dient der Angriff auf alles, was die feindliche Kriegswirtschaftskraft ausmacht: Handelsverbindungen, Auslandsvermögen, Rohstoffzufuhr, Industrieanlagen, Verkehrsnetz, Arbeitsbevölkerung und so fort. Die Angriffsmittel sind militärischer und ziviler Art. *Militärisch* spielte lange Zeit Seemacht die wichtigste Rolle.

Im Zweiten Weltkrieg kam zur Seemacht die wachsende Wucht der Luftmacht. Das britische Ministry of Economic Warfare (das im Ersten Weltkrieg noch Ministry of Blockade geheißen hatte) gab 1943 und 1944 zwei Auflagen von »The Bomber's Baedeker« heraus. Er beschrieb alphabetisch geordnet (Aachen-Küstrin/Lahr-Zwickau) für über 520 Orte die geografische Lage von Zielen aus 14 Industriezweigen.[19] Die USA bemühten sich, vermutete Schlüsselbranchen der feindlichen Rüstungsindustrie wie zum Beispiel die deutsche Kugellagerproduktion und die Werke zur synthetischen Herstellung von Treibstoff auszuschalten und das Verkehrsnetz des Feindes zu zerstören; sie haben ab 1944 unter Leitung eines Versicherungsfachmanns die Wirkung ihrer Bombenangriffe akribisch ausgewertet.[20] Daneben wurde jahrelang versucht, durch Flächenbombardements die Arbeitsmoral der Bevölkerung zu brechen und den Feind zu zwingen, wirtschaftliche Kapazitäten für die Versorgung der Ausgebombten abzuzweigen.

Die gewalt*losen* Schädigungsmaßnahmen waren vielfältig. Um bei den Weltkriegen als den intensivsten jüngeren Konflikten zu bleiben: Feindliches Staatsvermögen (außer den Botschaftsgebäuden) im eigenen Hoheitsbereich wurde entschädigungslos verbraucht oder genutzt. Das Privatvermögen von Feindpersonen und Feindfirmen wurde wie oben dargestellt beschlagnahmt, zwangsverwaltet und – grundsätzlich gegen Entschädigung – enteignet. Das wichtigste zivile Mittel des Kampfes gegen die feindliche Kriegswirtschaftskraft nach angelsächsischer Manier war das Verbot des Handels mit dem Feinde, des *Trading with the Enemy*. Es wurde im Lauf der Zeit immer weniger als völkerrechtliche Frage und immer mehr als autonomer Akt souveräner nationalstaatlicher Gesetzgebung aufgefasst.[21] Die Vorschriften und Maßnahmen zu seiner Durchsetzung breiteten sich ölfleckartig aus. Auch Drittstaatsangehörige, die Handelsbeziehungen mit dem Feind aufrechterhielten, landeten auf schwarzen Listen und wurden ihrerseits boykottiert; und wer mit ihnen Geschäftsbeziehungen unterhielt, wurde ebenfalls mit Sanktionen überzogen. Eine zivile Maßnahme z. B. war das *preemptive purchasing*, das strategische Aufkaufen beispielsweise von Winterbekleidung oder von Fleischkonserven, die der Feind oder die Neutralen dringend brauchten. Es wurden auch enorme Anstrengungen unternommen, um Deutschland den Zugriff auf Rohstoffe zu erschweren wie etwa auf das Metall Wolfram,[22] das man zur Metallhärtung und für panzerbrechende Geschosse braucht. So waren auch bei der gewaltlosen Schädigung der Feindwirtschaft der Fantasie kaum irgendwelche Grenzen gesetzt.

3. Kampf gegen die gegnerische Wirtschaftskraft ohne bewaffneten Konflikt

Die dritte Bedeutung von »Wirtschaftskrieg« klingt ein wenig wie »hölzernes Eisen«, nach einem Widerspruch in sich: Das Wort Wirtschaftskrieg bezeichnet auch den staatlichen Kampf ohne physische Gewaltanwendung gegen die Wirtschafts- und Finanzkraft und/oder gegen die Willensfreiheit eines Gegners, mit dem man sich *nicht* im bewaffneten Konflikt befindet. Ein solcher Wirtschaftskrieg bedient sich ausschließlich wirtschaftlicher und finanzieller Mittel. Sie können den Gegner ähnlich wirksam schwächen wie der Einsatz physischer Gewalt. Darum ist es zu der Wortverbindung gekommen (ähnlich wie bei »Scheidungskrieg«).

So wurde die militärische Suez-Invasion durch einen unmilitärischen wirtschaftlichen Blitzkrieg beendet. Es gibt auch gewaltlose Wirtschaftskriege, die Jahrzehnte dauern. Ein Beispiel dafür sind die westlichen Embargomaßnahmen gegen kommunistisch beherrschte Länder in der Zeit des Kalten Krieges.

Dieselben Maßnahmen der Exportkontrolle können also unterschiedlichen Zwecken dienen. Das leitet zurück zu der Frage, wann sinnvollerweise von »Wirtschaftskrieg« die Rede sein sollte und wann nicht.

In der dritten Bedeutung – Wirtschaftskampf ohne bewaffneten Konflikt – ist das Wort Wirtschaftskrieg besonders stark in Gefahr, inflationär verwendet und dadurch für das Erfassen der Wirklichkeit unbrauchbar zu werden. Zu Beginn dieses Aufsatzes wurde auf die kämpferischen und zerstörerischen Züge aller wirtschaftlichen Konkurrenz hingewiesen. In den internationalen Wirtschaftsbeziehungen herrscht immer ein gewisses Maß an Kampf und Konflikt.[23] All das verführt offenbar leicht zu einer entsprechenden Metaphorik.[24] Vermutlich deshalb werden oft rein privatwirtschaftliche internationale Wettbewerbsvorgänge und erst recht einzelne öffentlichkeitswirksame Konfrontationen zwischen Privatkonkurrenten als Wirtschaftskrieg wahrgenommen und bezeichnet. Konkurriert ein Industriezweig in dem einen Land den entsprechenden Zweig in einem anderen Land nieder, oder tobt eine Übernahmeschlacht um ein für eine Branche landesweit bestimmendes Unternehmen und der Angreifer hat seinen Firmensitz im Ausland, dann ist schnell von »Wirtschaftskrieg« die Rede.

Daraus folgen drei Gebote der politischen Klugheit: 1. Wer keinen Wirtschaftskrieg beabsichtigt, sollte peinlichst vermeiden, dass der gegenteilige Eindruck entsteht. 2. Wer Anzeichen für einen verdeckten Wirtschaftskrieg zu erkennen glaubt, sollte das dem anderen frühestmöglich mitteilen und ihn auffordern, seine Haltung zu klären und zu korrigieren. 3. Es empfehlen sich feste Regeln, Institutionen und Verfahren, um Verdachtsfälle unverzüglich anzuzeigen und zu überprüfen, Streitanlässe zu isolieren und einzukapseln, damit sie nicht zum Flächenbrand werden, und bei Fehlverhalten die angemessene Gegenwehr und Entschädigung festzulegen. Genau das sind Grundgedanken des Allgemeinen Zoll- und Handelsabkommens (GATT) und der Welthandelsorganisation (WTO).

Kriegsgründe, Kriegsziele und Kriegsführung

Während das Recht nach Legalität fragt, fragt Ethik nach Legitimität.[25] Das lateinische Wort *legitimus* beschreibt dabei gegenüber *legalis* ein Mehr: Ethik hat nicht nur zu beurteilen, ob eine kriegerische Handlung legal, also rechtmäßig ist. Auf der Legitimitätsebene zu beurteilen ist ferner, ob eine kriegerische Handlung im Sinne des Wortes *legitimus* auch »gemäß/angemessen/in Ordnung/verhältnismäßig« ist oder zumindest sein kann.

Für all jene, für die die Anwendung von Gewalt niemals angemessen sein kann, ist die Sache übersichtlicher: Aus radikalpazifistischer Sicht wäre selbst bei guten Gründen für die Anwendung von Gewalt keine Art von Krieg jemals legitimierbar, da Krieg den absoluten Wert eines jeden Lebens gefährde. Sie ist vielmehr Ausdruck aggressiver Gesinnung und ein Offenbarungseid, weil zivilisiertere Maßnahmen wie Verhandlungen und Diplomatie offenbar keinen Erfolg zu zeitigen vermochten. Nun ist aber der Radikalpazifismus eine Minderheitsposition, und Ethik hat die Chance wie die Herausforderung anzunehmen, nicht etwa Utopien, sondern Realitäten zu reflektieren, zumindest dann, wenn sie Kants Grundfrage der Ethik »Was soll ich tun?« hinreichend ernst nimmt. Und zu dieser Realität menschlichen Lebens gehören zu fast allen Epochen eben auch Kriege.

Diese Tatsache hat in der antiken Philosophie schon früh dazu geführt, dass man Kriegsgründe, Kriegsziele und Kriegsführung immer auch ethisch reflektiert hat – prominent in Platons »Politeia« oder Ciceros »De re publica« und »De officiis«, dann bei Augustinus, rezipiert im kanonischen Recht und bei Hugo Grotius bis hinein in die Debatten um Massenvernichtungswaffen im 20. Jahrhundert jeweils unter der Denkfigur/der Lehre des »gerechten Krieges«.[26]

Ausgehend von Ciceros Überlegungen, wann ein Krieg zur Wiederherstellung eines Zustandes der Rechtmäßigkeit und zur Abwehr von Unrecht durch eine legitime, staatliche Gewalt »gerecht« genannt werden könne, wurde vor allem durch christliche Denker im Rekurs auf Augustinus in der Scholastik u. a. durch Thomas von Aquin in engen, klar gesteckten Grenzen die Legitimität der Kriegsgründe *(ius ad bellum)* getrennt von der Frage einer legitimen Art der Kriegsführung *(ius in bello)*. Denn auch die aus wenig legitimen Gründen begonnenen Kriege sollten in der Art der Kriegsführung nicht humanitär eskalieren. Diese Differenzierung wurde durch die Reformation über die Aufklärung bis ins moderne Völkerrecht immer wieder neu aufgegriffen, weiterentwickelt und auf die militärischen Auseinandersetzungen der jeweiligen Zeit angewandt. Die klassischen Kriterien beim *ius ad bellum* sind dabei, dass der Krieg

- von einer legitimen Gewalt *(auctoritas)*, also keiner Privatarmee, sondern in aller Regel von einem Staat geführt wird,
- mit der rechten Gesinnung bzw. Intention *(recta intentio)* geführt wird und
- mit einem klaren Kriegsziel *(iustus finis)*, nämlich Recht und Frieden wiederherzustellen, und zwar
- als letzte Möglichkeit *(ultima ratio)*, nachdem alle anderen Möglichkeiten wie Diplomatie und Verhandlung ausgeschöpft worden sind.

Einer der zentralen Aspekte beim *ius ad bellum* ist also, dass ein als »gerecht« qualifizierter Krieg *(bellum iustum)* lediglich auf Unrecht/Aggression reagiert, um einen verletzten Rechtszustand wiederherzustellen und Gewalt dabei nur als *ultima ratio* und nur in Form von staatlicher Gewalt legitim sein kann mit dem Ziel der Wiederherstellung des Friedens.[27] Entscheidend bei der Bewertung eines möglichen Rechtes zum Kriegführen ist dabei nicht nur für Cicero, dass ein solcher Konflikt kein Angriffskrieg ist, sondern der Abwehr von Unrecht dient, staatlich geführt wird mit klarem Ziel und durchaus erreichbarem Erfolg.

Bei der Frage nach der angemessenen Art der Kriegsführung, dem *ius in bello,* kommen folgende Kriterien zur Geltung:

- Die Verhältnismäßigkeit der Mittel *(proportionalitas),* d. h., die angewandten Mittel sollten bezogen auf die Gefahren-abwehr verhältnismäßig sein.
- Die Unterscheidung von Soldaten und Zivilisten ist ent-scheidend mit dem Ziel, die Immunität der Zivilisten so gut wie möglich zu schützen.

Vor allem bei Augustinus wichtig ist letzterer Punkt *in bello,* der auch später bei Martin Luther in dessen Unterscheidung von Person und Amt und dem von ihm etablierten weltlichen Berufsbegriffs eine Rolle spielen sollte, etwa in dessen Schrift »Ob Kriegsleute auch in seligem Stande sein können« (1526).[28] Denn gerade in einer christlich-scholastischen Ethik gilt die möglichst eindeutige Unter-scheidung von Soldaten und Zivilisten als bester Garant für die Mi-nimierung unnötiger Opfer.

Das *ius in bello* ist darum rechtlich wie humanitär so zentral geblieben, weil auch ungerechtfertigt begonnene Kriege in der Art der Kriegsführung der rechtlichen Einhegung bedürfen. Im Wirt-

schaftskrieg besonders problematisch scheint das Immunitätsprinzip des *ius in bello:* Vor allem beim Kriterium der Immunität
von Zivilisten unterscheiden sich Wirtschaftskriege am deutlichsten
von der klassischen Theorie des gerechten Krieges. Denn wer ist
im Wirtschaftskrieg wie lange »Zivilist«, wer »Soldat«? Ist etwa der
Arbeiter in einem Rüstungskonzern »Zivilist«? *Economic warfare*
zielt in vielen Fällen gerade darauf, die Auseinandersetzung nicht
militärisch führen zu müssen, gleichzeitig aber möglichst viele
Zivilisten im Machtbereich des Gegners zu treffen und über die
Verschlechterung von deren Lage Druck auf deren Staatsführung
auszuüben.

Zur Ethik von Sanktionen

Dabei können die Folgen der dafür notwendigen Maßnahmen wie
etwa Sanktionen mindestens so gravierend sein wie die *casualties*
militärischer Aktionen. So wurde die US-Außenministerin Mad-
leine Albright in einem CBS-Interview 1996 gefragt, ob die ge-
schätzten 500 000 toten Kinder durch die Sanktionen gegen das
Regime von Saddam Hussein, welche den *body count* von Hiro-
shima überstiegen, diesen hohen Preis wert gewesen seien. Ohne
überhaupt die genannten Zahlen infrage zu stellen, war Albrights
unzweideutige Antwort: »I think this is a very hard choice. But we
think the prize is worth it.«[29]

In der Lehre vom gerechten Krieg wäre eine derartige Maßnahme mit einem solchen Ergebnis der Tötung von Hunderttau-
senden Zivilisten als billigend in Kauf genommenes Ergebnis der
Sanktion in keinem Fall eine legitime bzw. legitimierbare kriegerische Maßnahme gewesen, da eines der zentralen Ziele des um-
fänglichen Embargos gegen den Irak zumindest im Wege der

billigenden Inkaufnahme und damit vorsätzlich genau dieses war: Irakische Zivilisten vom Zugang zu Waren und überlebenswichtigen Gütern abzuschneiden, und zwar selbst um den Preis des Todes von unterversorgten Zivilisten.

Wirtschaftliche Sanktionen, wenn sie nicht auf möglichst eng und klar definierte Bereiche wie den Import von waffenfähigem Material o. Ä. beschränkt werden, zeichnen sich wie gezeigt dadurch aus, dass sie schnell und nur schwer kontrollierbar die Versorgung der Zivilbevölkerung gefährden. Eben dies scheint in Wirtschaftskriegen fast notwendigerweise stets problematisch: Bei einer aggressiven Maßnahme, vor allem gegen Zivilisten, setzt der Kriegführende im von Clausewitzschen Sinne Politik mit anderen Mitteln nahtlos fort, nämlich mit ökonomischen Mitteln. Sanktionen und Strafzölle als Mittel der Wahl in vielen Handelskriegen verteuern oder verknappen Waren wie Lebensmittel oder Medikamente. Sie zerstören damit je nach Umfang massiv die Wertschöpfung, vernichten potenziell Millionen von Arbeitsplätzen und gefährden im schlimmsten Fall die Existenz von Menschen. Und das ist kein Nebenprodukt, sondern eines ihrer Ziele: die Volkswirtschaft des Gegners zu destabilisieren in der Hoffnung, damit entsprechenden Druck auf die Handelspartner bzw. Konkurrenten auszuüben – und zwar ohne Rücksicht auf humanitäre Konsequenzen.

Gleicht man dieses Vorgehen mit den genannten christlich-antiken Kriterien eines »gerechten« Krieges ab, wäre eine Sanktion oder ein Strafzoll dann eine illegitime »gewaltsame Handlung«, wenn sie sich billigend und damit wenigstens mit bedingtem Vorsatz (*dolus eventualis*) gegen Zivilisten richtet und die Gefährdung von deren Immunität in Kauf nimmt. In der aktuellen Rhetorik im Handelsstreit mit China machte Präsident Trump jedoch zur Rechtfertigung seiner Maßnahmen deutlich, warum er die verhängten Strafzölle als angemessen und damit legitim erachtete: China gefährde durch seine Handelspraxis die ökonomischen wie politischen Interessen der Vereinigten Staaten.[30] Nicht China, sondern die Vereinigten Staaten handelten darum mit *recta intentio* durch Strafzölle u. a. auf Stahl und Autoimporte als gewählter, proportionaler Gegenmaßnahme. Im Sinne der Kriterien des *ius ad bellum* liefert er damit eine *causa iusta* für sein Vorgehen oder versucht dies zumindest: Er verteidige die Vereinigten Staaten gegen eine ökonomische Aggression Chinas, das durch gefälschte Wirtschaftsdaten, eine künstlich abgewertete Währung, exzessive Exporte und den Diebstahl geistigen Eigentums als eigentlicher Aggressor auftrete. Aber selbst wenn man diese Begründung teilte, so ist in einer restriktiven Auslegung der Lehre vom gerechten Krieg entscheidend und zentral, dass das Vorhandensein von einem Rechtfertigungsgrund nicht gegen die Abwesenheit bzw. Verletzung der anderen Kriterien quasi aufgerechnet werden kann. So wäre in der restriktiven Auslegung für die Qualifikation eines Krieges als »gerecht« das Vorliegen jedes einzelnen Kriteriums notwendig, aber für sich selbst genommen eben nicht hinreichend. Von den Anhängern einer permissiven Auslegung kommt regelmäßig die Kritik, dass es praktisch keinen Krieg gebe, bei dem es nicht zu unnötigen zivilen Opfern komme. Dazu ist im Falle des Wirtschaftskrieges erneut festzustellen, dass dessen Ziel gerade ist, Zivilisten zu treffen, sodass er im Sinne der klassischen Lehre nie als »gerecht« gelten könne. Weiterhin wäre aus ethischer Sicht zu hinterfragen, ob die Handelskriegsoption, die vergleichsweise früh in Trumps Legislatur gewählt wurde, tatsächlich im Vergleich zu weiteren Verhandlungen die *ultima-ratio*-Bedingung erfüllen würde und ob es beim *ius in bello* keine Maßnahme gegeben hätte, die Zivilisten, also vor allem Arbeitnehmer, eher geschont hätte. Erneut: Wer Handelssanktionen in mehrstelliger Milliardenhöhe verhängt, der will keine Zivilisten schonen – im Gegenteil.

Die ethische Rechtfertigung seitens des ehemaligen amerikanischen Präsidenten Trump lief dabei über ein teleologisches Argument, wenn er auf den künftigen Nutzen und ökonomisch-politischen Erfolg solcher Maßnahmen hinwies. Ja, beide Handelspartner werden verlieren, aber die einen eben stärker als die anderen, so dass es am Ende sehr wohl einen Gewinner geben werde.

Weiß man wirklich, was man anzettelt? Zur Folgenabschätzung

Ein zentrales Problem all dieser Argumente für einen Wirtschaftskrieg im Bereich des *ius ad bellum* scheint jedoch eine kaum mögliche Risikoabschätzung in Zeiten einer immer stärker digital verwobenen, interdependenten Weltwirtschaft, in der niemand die Folgen der eigenen Handlungen sicher abschätzen kann. In der Denkfigur des gerechten Krieges bedeutet dies aber, dass beim *ius ad bellum* Kriegsziele deutlich schwerer eingrenzbar sind als bei konventionellen Kriegen. Während bei Letzteren eine militärische Lage zwar durchaus eskalieren kann, aber doch militärisch beurteilbar bleibt, sind bei einem global geführten Handelskrieg die Zahl der Akteure und der Grad ihrer Schädigung umso komplexer durch den Grad ihrer Interdependenz. Diese zeigt sich etwa am Beispiel ausländischer Firmen in Amerika selbst, wo beispielsweise der Autohersteller BMW in Spartanburg, South Carolina – und nicht in Deutschland – seinen größten Fertigungsstandort hat. Und wenn etwa Sanktionsmaßnahmen gegen europäische, im Irangeschäft engagierte Banken getroffen werden, so betrifft das am Ende auch den Wohlstand in China oder Katar, die an diesen europäischen Banken beteiligt sind. Und wenn ein norwegischer

Pensionsfonds an über 8000 Firmen in 82 Ländern beteiligt ist, dann wird jede ökonomische Sanktion gegen solche Länder und Firmen immer auch zu einer mittelbar wirkenden Sanktion gegen das dort investierte Norwegen.

In einer philosophischen Denkkategorie wie dem *Least-privileged*-Prinzip bei John Rawls, das den von einer Maßnahme am härtesten Betroffenen schützen will, wäre bereits fraglich, wer überhaupt wie betroffen und wer der *least privileged* in einem Handelskrieg wäre, wenn amerikanische wie chinesische Automobilarbeiter nicht mehr in Lohn und Brot stünden. Geht dabei das Wohl eines amerikanischen Arbeitnehmers dem Wohl anderer Arbeitnehmer vor? Und warum sollte es das ethisch – jenseits eines »America first«? Ist die Verlagerung einer Produktion im Rawlsschen Sinne damit »unfair«? Und gerade bei *cyberwarfare:* Ist überhaupt beweisbar, dass der »Akteur« staatlich gelenkt ist?

Zumindest im Sinne des »Prinzips Verantwortung« von Hans Jonas gilt jedoch stets, dass derjenige, der eine besondere Gefahr verursacht – etwa das Betreiben einer Atomanlage oder das Anzetteln eines Wirtschaftskrieges –, in besonderem Maße für die Risiken verantwortlich ist.[31] Bei den Wirtschaftskriegen des 21. Jahrhunderts wird darum die Verantwortungsübernahme für die Risiken eskalierender ökonomischer Maßnahmen weitestgehend verunmöglicht, weil die 1648er-Regeln des »Westphalian Model« global nicht mehr durchgreifen.[32] Die Regelungen des Westfälischen Friedens implizierten nämlich, dass sich staatliche Souveränität u. a. durch klare, zu verteidigende Territorialgrenzen konstituiert. Gewinne wie Schäden werden heutzutage globalisiert und rein nationale ethische Verantwortlichkeiten für ökonomische Entwicklungen damit immer verschwommener wie komplexer. Bei Schießkriegen ist der Gegner und das zu erreichende Ziel meist klar, bei Wirtschaftskriegen ist hingegen *friendly fire* eher die Regel als die Ausnahme und das Kriegsziel immer schwerer kalkulierbar. Statt eines Nullsummenspiels stellt sich dann ökonomisch nur noch die Frage, wer in einem Wirtschaftskrieg mehr verliert, und ethisch, was dies für die Gewinnbarkeit, Asymmetrie und Ansteckungsfähigkeit solcher Konflikte bedeutet.

»Gerecht« scheint darum zumindest für sich allein genommen kein hinreichendes Kriterium zur Beurteilung eines Wirtschaftskrieges, solange man bei der Bewertung der Einzelmaßnahmen aus einer kindlichen »Wer hat angefangen«-Logik sowie einer zweifelhaften, da stets in der Zukunft liegenden Nutzenanalyse sowie bei den Gegenmaßnahmen aus einer »Auge um Auge«-Logik nicht herauskommt – zudem anfangs gar nicht absehbar scheint, wie viel Blinde man auf allen Seiten bis wann produziert.

Weiterhin scheitert man noch an einem weiteren Kriterium des *ius ad bellum*, das Thomas von Aquin besonders betonte.[33] Es müsse eine berechtigte Aussicht bestehen, durch die gewählte, begrenzbare kriegerische Maßnahme ein positives Ergebnis, d. h. eine stabile Rückkehr zu Recht und zum Frieden, zu erreichen, was für den Scholastiker implizierte, dass man die gerechte Ordnung wiederherstellen wollte und auch konnte. Dieses Ziel zu erreichen, scheint aber im aktuellen USA-China-Handelskonflikt bestenfalls unsicher. Am Ende führen dies sowie die notwendige Verletzung der Immunität von Zivilisten als systematische Methode des Wirtschaftskrieges *in bello* sowie die unabsehbaren Risiken, die leicht in einen Schießkrieg eskalieren, sowie die Interdependenzen globaler Märkte dazu, dass die ethische Beurteilung von Wirtschaftskriegen deutlich komplexer ist als bei klassischen konventionellen Konflikten im Westfälischen System. Im Wirtschaftskrieg gilt meistens die Bürgerkriegserfahrung: »Someone's terrorist is almost always someone else's freedom fighter.«

Zur Effektivität von Sanktionen folgendes Beispiel: Wenn man etwa Südafrika staatlicherseits wie zivilgesellschaftlich vor allem in den 1970er und 1980er Jahren mit Embargos und Boykotten belegte – von Waffen über Früchte bis hin zum Verbot der Teilnahme südafrikanischer Sportler an Olympischen Spielen –, dann waren selbst bei Befürwortern dieser Embargopolitik jene Maßnahmen kontrovers, die auch die Opfer des Apartheidregimes trafen. So nahm etwa der gerade von Kirchen unterstützte Boykott südafrikanischer Früchte (»Kauft keine Früchte aus Südafrika«)[34] zur allgemeinen ökonomischen Schwächung der südafrikanischen Wirtschaft billigend in Kauf, dass es vor allem schwarze Farmhelfer waren, denen der Boykott die Grundlage ihrer Existenz nahm – sie wurden entlassen. Ethisch wurde auf den finalen Nutzen solcher Aktionen – nämlich dem des Endes der Apartheid in Südafrika – verwiesen, was neben der Frage der politischen Erreichbarkeit dieses Zieles durch einen Konsumboykott von Obst die Lage der schwarzen Arbeiter aber unbestreitbar verschärfte. Man trifft hier auf das klassisch utilitaristische Argumentationsmuster mit seinem bekannten Schwachpunkt:

»The ends should justify the means« – das hehre Ziel und ein zukünftiger Nutzen sollen eine in der Gegenwart nicht unumstrittene Maßnahme rechtfertigen. Und wie geht man zudem mit nicht intendierten Nebeneffekten um, die man sich als Akteur zurechnen lassen muss? Effektiver, kreativer und im Mittel sicherlich milder schien da der zielschärfere Waffenboykott gegen Südafrika auf der einen Seite oder auf der anderen der Tourboykott des südafrikanischen Springbok-Rugbyteams durch andere Rugbynationen wie Australien und Neuseeland, da ein Teilziel – die sichtbare Verurteilung des Apartheidregimes – erreicht wurde, ohne damit parallel breite Teile der schwarzen Arbeiterschaft in ihrer ökonomischen Existenz zu gefährden.[35] Die Maßnahme ist also ethisch angemessener, weil sie schlicht klüger und zielgenauer scheint als ein pauschaler Wirtschaftsboykott. Wer also staatlicherseits auf Embargos setzt, sollte sich sehr genau und vor allem vor ihrer Implementation mit deren intendierten Zielen und Folgen beschäftigen.

Auch in der Ethik ist der Weg zur Hölle zuweilen mit guten Absichten, gerechtem Zorn und *iustae causae* gepflastert. Wer aber selbst mit besten Absichten die Geister, die er ruft, wieder loswerden will, sollte gerade bei ökonomischen Sanktionen darauf achten, dass er nicht nur politisch, sondern auch ökonomisch die Konsequenzen seiner Handlung zu analysieren vermag, und die Mittel zur Erreichung seiner Ziele klug und zielgenau wählen. Denn an dieser Auswahl bemisst sich die ethische Legitimität der getroffenen Entscheidungen. Und wer Handelssanktionen, Embargos, Strafzölle oder CoCom-Systeme (Coordinating Committee for Multilateral Export Control, Coordinating Committee for East-West Trade Policy) meint installieren zu müssen, sollte nach den Maximen aller Denkschulen des gerechten Krieges genau überlegen, wie er damit den Schaden für Unbeteiligte wie für die eigene Zivilbevölkerung minimiert.

Die Komplexität steigt – auch in der wirtschaftsethischen Abwägung von Konflikten

So schwer Wirtschaftskriege und vor allem ihre Vorbereitungshandlungen zu definieren sind und so sehr sich die Art der Kriegführung geändert hat und weiter ändern wird, so hilfreich scheint immer noch die alte Lehre vom gerechten Krieg, um besonders die ihnen innewohnenden ethischen Dilemmata zielgenau zu identifizieren. Gleichzeitig bleiben sie Dilemmata und damit nicht auflösbar. Denn oft sind ihre Akteure wie die Opfer Zivilisten. Oft sind die Kriegsziele und die Kriegsfolgen zu Beginn der Auseinander-setzungen kaum prognostizierbar. Und analog der konventionellen Kriegsführung sind die Art der Kriegführung und die gewählten Waffen zunehmend digitaler Art, was solche Konflikte beschleunigt und damit meistens intensiviert und den Begriff »Akteur« immer komplexer macht.

Stichwort *cyberwarfare*: Kriege wurden traditionell zwischen Staaten geführt. Aber wie genau ist bei einem Cyberangriff der staatliche Angreifer, der »Akteur« bzw. Agent, einzugrenzen, wenn ein Angriff etwa auf die Energieversorgung eines Landes mit digi-talen Mitteln faktisch stattgefunden hat, ohne dass man zeitnah die Akteure rechtssicher benennen könnte? Dies ist kein theoretisches Problem, sondern bei jüngsten Cyberangriffen aus Nordkorea oder Iran, die man nicht eindeutig den jeweiligen Akteuren zuordnen konnte, eher die Regel. Aus ethischer Sicht scheinen zunehmend digital geführte Wirtschaftskriege in globalen Zusammenhängen darum ethisch mindestens so komplex wie konventionelle Kriege – schon wegen der Unmöglichkeit einer genauen ökonomischen wie in der Folge politischen Risikofolgenabschätzung. Und bei den Ri-siken finden sich auch Wirtschaftskriege in einer unheiligen Alli-anz mit Schießkriegen wieder, da die eine Konfliktart häufig in die andere übergeht.

Durch die intendierte Verletzung von Proportionalitäts- und Immunitätsprinzip, durch unklare Kriegsgründe, durch unabseh-bare Risiken und eine bestenfalls nebulöse Aussicht auf einen »ge-rechten Frieden« sind solche Konflikte humanitär oftmals lang und fatal. Und doch gibt es sie, und zwar im Falle der Wirtschafts-kriege zunehmend. Radikalpazifistisch darum das »Ob« solcher Konflikte zu brandmarken, beendet sie nicht, sodass es ethisch vor allem geboten scheint, sich auf das »Wie« zu konzentrieren. Will heißen: Wenn man sich für Sanktionen, Embargos oder andere ökonomische Maßnahmen entscheidet, dann sollte man genau abwägen, ob und wie man damit womöglich echte *iustae causae* tatsächlich erreicht, statt wahllos fremde oder womöglich eigene Zivilisten zu treffen. Und wer identifiziert in Zeiten von Digitalisierung und Welthandel zielsicher die »Akteure« bzw. »Aggressoren«?

Wer sich in einer solch digital dominierten Welt immer stärker mit dem »Wie« als mit dem »Ob« problematischen Handelns auseinanderzusetzen hat, sollte sich als ethischer Begleiter mit und in seinen Bezugswissenschaften so gut wie möglich auskennen.

So offensichtlich manchem all diese Fragen vor Beginn solcher Konflikte erscheinen mögen, so wenig werden sie doch in der Praxis gestellt. Sich dann als Christopher Clarks »Schlafwandler«[36] wie 1914 plötzlich mitten in diesen Konflikten wiederzufinden, ohne zuvor solche Abwägungen strukturiert vollzogen zu haben oder dies fachlich auch nur zu vermögen, ist dann wahrlich die schlechteste aller Welten – gerade in Zeiten, in denen sich Geschichte zwar nicht wiederholt, aber doch ab und zu reimt.

Abschließend und aus aktuellem Anlass darum ein Wort zum Verhältnis von Recht und Ethik, von Legalität und Legitimität, besonders im Umgang mit Autokratien: *Inde datae leges, ne firmior omnia posset*[37] – frei übersetzt: Gesetze gibt es, damit der Stärkere nicht tun und lassen kann, was er will. Zwischen Staaten richtet eine Willkürherrschaft des Stärkeren zuweilen viel Schaden an. Darum sind dort Gesetze besonders wichtig, wo der Schwächere ohne das Recht in seiner Existenz gefährdet wird. Natürlich lässt sich auch mit und in Autokratien Handel treiben, aber eben nur so weit, wie Recht nicht durch Willkür und in der Folge durch Faustrecht ersetzt zu werden droht.

EPILOG

Nachdem dieser Aufsatz fertiggestellt war, trat Russland in einen Angriffskrieg gegen die Ukraine ein. Die Antwort des Westens – schärfste gemeinsame Wirtschaftssanktionen – bedeutet implizit auch den Eintritt in den größten Wirtschaftskrieg, den die Welt bisher gesehen hat. Nun könnte man denken, dass sich dadurch die hier dargestellten Erkenntnisse zu Wirtschaftskriegen oder dem Handel mit Autokratien fundamental ändern oder verschieben. Das Traurige ist: Es bestätigt sich im Fall Russlands leider exakt das, was in diesem Aufsatz zum Einsatz von Ökonomie als Kriegsmittel dargestellt wurde. So werden als Erste gerade die Zivilisten getroffen, die doch nach der klassischen Theorie des gerechten Krieges nach Augustinus als Kriegsziele ausgenommen sein sollten. Und die ökonomischen Waffen mit ihren Folgen für Millionen von Menschen werden in ihrer Härte den militärischen Waffen kaum nachstehen. Krieg ist immer der größte anzunehmende Unfall, und die Mittel eines Wirtschaftskrieges wirken dabei auch aktuell wie ein gigantischer Brandbeschleuniger – allerdings mit dem Ziel, damit den militärischen Konflikt so schnell wie möglich zu beenden und den Gegner zurück an den Verhandlungstisch zu zwingen. Bleibt zu hoffen, dass es der internationalen Gemeinschaft gelingt, diesen gewaltigen Flächenbrand bald zu löschen.

Anmerkungen

1 Für das Folgende vergleiche: Nils Ole Oermann/Hans-Jürgen Wolff, Wirtschaftskriege. Geschichte und Gegenwart, Freiburg i. Br. 2019.

2 https://www.policeone.com/police-products/training-products/articles/1709289-Book-Excerpt-On-Sheep-Wolves-and-Sheepdogs/ (abgerufen 22.2.2022).

3 Dean Acheson, Present at the Creation, New York 1987, S. 4; Ulrich Blum, Wirtschaftskrieg. Rivalität ökonomisch zu Ende denken, Wiesbaden 2020, S. 426.

4 Nur ein Beispiel: Großbritannien erwarb vor Kriegsausbruch 1914 die Aktienmehrheit der Anglo-Persian Oil Company, schloss mit ihr einen staatlich garantierten Abnahmevertrag zugunsten der auf Ölantrieb umgestellten britischen Kriegsflotte und krönte damit seine jahrelangen Anstrengungen, das vom Chef der Admiralität John Arbuthnot Fisher als kommender Kriegsgegner angesehene Deutschland und die Türkei aus Persien auszuschließen und vom dortigen Öl fernzuhalten. Siehe Daniel Yergin, Der Preis. Die Jagd nach Öl, Geld und Macht, Frankfurt am Main 1993, S. 194–212; Dale C. Copeland, Economic Interdependence and War, Princeton 2015, S. 126 f.; Peter Frankopan, Licht aus dem Osten. Eine neue Geschichte der Welt, Berlin [2]2016, S. 472–474.

5 Copeland, Economic Interdependence (s. Anm. 4), S. 76; John A. C. Conybeare, Trade Wars. The Theory and Practice of International Commercial Rivalry, New York 1987, S. 140 f.

6 Charles Webster, The Foreign Policy of Palmerston 1830–1841, Bd. 2, London 1951, S. 750 f.

7 Copeland, Economic Interdependence (s. Anm. 4), S. 375 ff.

8 Das weist überzeugend Copeland nach, ebd., S. 22 f., 80 ff., 93, passim.

9 Jonathan Kirshner, Appeasing Bankers. Financial Caution on the Road to War, Princeton 2007.

10 Thukydides, Der Peloponnesische Krieg, München 1991, S. 37: »Den wahrsten Grund freilich, zugleich den meistbeschwiegenen, sehe ich im Wachstum Athens, das die erschreckten Spartaner zum Krieg zwang.«

11 Conybeare, Trade Wars (s. Anm. 5), S. 5: »Why do we not have trade wars all the time? Perhaps the most useful initial answer is that we do; that is to say, there is always some degree of trade war in the system, but it is not always at very high levels of conflict.« Eigene Übersetzung. Grundlegend für diese Sicht Edward N. Luttwak, From Geopolitics to Geo-Economics. Logic of Conflict, Grammar of Commerce, in: The National Interest 20 (1990), S. 17–23.

12 Alan S. Milward, Der Zweite Weltkrieg. Krieg, Wirtschaft und Gesellschaft 1939–1945 (Geschichte der Weltwirtschaft im 20. Jahrhundert, Bd. 5), München 1977, S. 309.

13 Herfried Münkler, Die neuen Kriege, Frankfurt am Main 2003, S. 10 f., S. 131–171; Monika Heupel, Die Gewaltökonomien der »Neuen Kriege«, in: Aus Politik und Zeitgeschichte 46 (2009), S. 9–14; Tom Burgis, The Looting Machine. Warlords, Oligarchs, Corporations, Smugglers, and the Theft of Africa's Wealth, New York 2015, S. 30 ff., passim.

14 Fast jeder Autor entwirft eine eigene Definition. Ähnliche Einteilung wie hier bei Conybeare, Trade Wars (s. Anm. 5), S. 5; und bei Vaughan Lowe/Antonios Tzanakopoulos, Stichwort »Economic Warfare«, in: Rüdiger Wolfrum (Hrsg.), Max Planck Encyclopedia of Public International Law, Oxford 2012.

15 Hans-Jürgen Wolff, Kriegserklärung und Kriegszustand nach Klassischem Völkerrecht, Berlin 1990, S. 101–116.

16 Karl Strupp, Wörterbuch des Völkerrechts, Bd. 3, Stichwort »Wirtschaftskrieg«, Berlin 1929; Florian Mächtel, Das Patentrecht im Krieg, Tübingen 2009, S. 285 ff.

17 Strupp, Wirtschaftskrieg (s. Anm. 16); Carl Schmitt, Der Begriff des Politischen (1932), Berlin 1979, S. 89.

18 Vgl. Friedrich Berger, Völkerrecht, Bd. 2, München ²1962, S. 197; Ferdinand von Willisen, Begriff und Wesen des Wirtschaftskrieges, Jena 1919, S. 5; Georg Brodnitz, Das System des Wirtschaftskrieges, Tübingen 1920, S. 1.

19 Uta Hohn, The Bomber's Baedeker. Target Book for Strategic Bombing in the Economic Warfare against German Towns 1943–45, in: GeoJournal 34 (1994), S. 213–230. Auch die Luftwaffe flog übrigens 1942 allseits sogenannte »Baedeker-Angriffe«, sie bombardierte als Repressalie für Angriffe auf Lübeck und Rostock einige kulturgeschichtlich bedeutsame englische Städte.

20 Zusammenfassung von The United States Strategic Bombing Surveys (European War) (Pacific War), online verfügbar unter https://www.airuniversity.af.edu/Portals/10/AUPress/Books/B_0020_SPANGRUD_STRATEGIC_BOMBING_SURVEYS.PDF. Skeptisch zum Erfolg der Wirtschaftskriegsmaßnahmen Milward, Geschichte der Weltwirtschaft (s. Anm. 12), Kap. 8.

21 Einzelheiten bei Wolff, Kriegserklärung und Kriegszustand (s. Anm. 15), S. 106–129, m. w. N.

22 Leonard Caruana/Hugh Rockoff, A Wolfram in Sheep's Clothing, U. S. Economic Warfare in Spain, 1940–1944, NBER Historical Working Paper Nr. 0132, 2001, https://www.nber.org/papers/h0132 (abgerufen am 22.2.2022).

23 Das betont auch Conybeare, Trade Wars (s. Anm. 5), S. 5.

24 Zur Sprache und zu bellizistischen Metaphern auch Blum, Wirtschaftskrieg (s. Anm. 3), S. 137–142.

25 Nils Ole Oermann, Wirtschaftsethik. Vom freien Markt bis zur Share Economy, München ²2018.

26 Als Überblick der Theorien zum »Gerechten Krieg« vgl. Daniel R. Brunstetter/Cian O'Driscoll (Hrsg.), Just War Thinkers. From Cicero to the 21st Century, Abingdon 2018. Zum vertieften Verständnis der jeweils eingenommenen Positionen vgl. Nigel Biggar, In Defence of War, Oxford 2013; M. Walzer, Just and Unjust wars. A Moral Argument with Historical Illustrations, New York 1977.

27 Vgl. etwa: Marcus Tullius Cicero, De re publica, III 23, 34 f.

28 Martin Luther, Weimarer Ausgabe (WA), Bd. 19, S. 623–662.

29 Madeleine Albright in der CBS Sendung »Punishing Saddam«, 12.5.1996, in: https://www.youtube.com/watch?v=xYXK7uh93Uo; David Rieff, Were Sanctions Right?, in: New York Times, 27.7.2003, https://www.nytimes.com/2003/07/27/magazine/were-sanctions-right.html (abgerufen am 22.2.2022).

30 Trumps Claims US is Winning Trade War with China, in: Financial Times, 5.8.2018, https://www.ft.com/content/a0fdaa32-986b-11e8-ab77-f854c65a4465 (abgerufen am 22.2.2022).

31 Für den Zusammenhang zwischen Risiko und ethischer Verantwortung vgl. Hans Jonas, Das Prinzip Verantwortung, Frankfurt a. M. 1979.

32 A. Claire Cutler, Critical Reflections on the Westphalian Assumptions of International Law and Organization. A Crisis of Legitimacy, in: International Political Economy 4 (2008), S. 326–345.

33 Vgl. dazu auch: Marco J. Fuchs, Die Lehre vom gerechten Krieg im Mittelalter. Thomas von Aquin, in: Ines-Jacqueline Werkner/Klaus Ebeling (Hrsg.), Handbuch Friedensethik, Berlin/New York 2016, S. 239–249.

34 Jürgen Bacia/Dorothée Leidig, »Kauft keine Früchte aus Südafrika«. Geschichte der Anti-Apartheid-Bewegung, Frankfurt a. M. 2008.

35 Douglas Booth, The Race Game. Sport and Politics in South Africa, London/Portland, OR 1998.

36 Christopher Clark, The Sleepwalkers. How Europe Went to War in 1914, London 2012.

37 Ovid, Fasti 3,279. Wörtlich: Daher wurden Gesetze gegeben, damit der Stärkere nicht alles vermöge.

Wie viel Unsicherheit verträgt das Exportgeschäft?

VON EDNA SCHÖNE

Einleitung

Die Exportwirtschaft ist eine zentrale Säule der deutschen Wirtschaft. Fast die Hälfte des deutschen Bruttoinlandsprodukts und etwa 12 Millionen Arbeitsplätze hängen (direkt und indirekt) von der Außenwirtschaft ab. Damit ist wohl in kaum einem anderen Land der Welt der Export wichtiger als bei uns. 99 % aller Unternehmen in Deutschland sind kleine und mittelständische Unternehmen. »The German Mittelstand« gilt weltweit als Vorzeigemodell für ökonomischen Erfolg. Mit ihrer langfristigen unternehmerischen Orientierung sind viele deutsche Mittelstandsunternehmen als sichtbare oder Hidden Champions sehr erfolgreich im globalen Handel, während sie sich in ihren Heimatgemeinden sozial engagieren und Arbeits- und Ausbildungsplätze schaffen. Unternehmen, die exportieren, sind produktiver, schaffen mehr Arbeitsplätze und zahlen höhere Gehälter.[1]

In einem deutlich zunehmenden globalen Wettbewerb um die besten Waren und Dienstleistungen hat Deutschland zwar die Position als Exportweltmeister eingebüßt – dennoch sind wir nach wie vor ein Powerhouse mit einer starken industriellen Basis und einer einmaligen Breite in der Wertschöpfungskette. Dies birgt ein enormes Potenzial für die Zukunft, wenn es darum geht, das aktuell vielleicht größte Projekt der Menschheit zu bewältigen: mit sauberen Technologien *(cleantech)* das Net-Zero-Ziel zu erreichen und damit die globale Erderwärmung zu begrenzen.

Handel ist für Schwellen- und Entwicklungsländer ein zentraler Baustein für eine wirtschaftliche und gesellschaftliche Entwicklung. Die Privatwirtschaft spielt eine wesentliche Rolle bei der Bekämpfung von Armut in der Welt, denn sie schafft Arbeitsplätze und trägt durch ihre Steuern zur Finanzierung öffentlicher Aufgaben bei.

Auch wenn in den letzten Jahren und insbesondere während der Coronakrise vermehrt Stimmen laut wurden, die Deutschlands Abhängigkeit vom Export kritisch sehen: Export ist für Deutschlands Wohlstand, Entwicklung, Stabilität und Sicherheit entscheidend.

Der globale Handel wächst und verändert sich aktuell rapide. Prognosen des IWF legen nahe, dass in den nächsten Dekaden etwa 90 % des wirtschaftlichen Wachstums außerhalb der EU stattfinden wird. Für exportierende Unternehmen bedeutet dies praktisch zwingend, sich verstärkt mit Märkten außerhalb der EU auseinanderzusetzen. Damit steigen die Risiken für solche Unternehmen erheblich. Denn der Wirtschaftsverkehr mit Ländern, die politisch und rechtlich grundlegend anderen Prinzipien folgen, ist selbst für erfahrene Exporteure hochkomplex und risikoreich. Dies gilt auch und in besonderem Maße für wirtschaftliche Beziehungen zu autokratisch regierten Ländern. Denn autokratische Regierungsformen bergen das Risiko erratischer und kurzfristiger Veränderungen des Investitionsklimas und der rechtlichen Rahmenbedingungen für ausländische Investoren. Fehlende Rechtssicherheit und mögliche Selbstbedienungsmentalität von Eliten führen zu Unsicherheit für

Wirtschaftsakteure: Staatliche Eingriffe wie etwa Enteignungen, aber auch mögliche Demonstrationen bis hin zu Systemumstürzen müssen als potenzielle Risiken einkalkuliert werden. Zwar wirken einzelne Autokratien besonders stabil, aber die Geschichte zeigt in vielen Fällen, dass dies ein trügerischer Eindruck sein kann.[2] Hinzu kommen potenzielle Sanktionen sowie die Auswirkungen innerer und äußerer politischer Auseinandersetzungen bis hin zu kriegerischen Handlungen. Zusätzlich erscheint zumindest bei einigen Autokratien die Einschätzung der tatsächlichen Wirtschaftskraft bzw. die Einschätzung der Bonitäten von Bestellern in diesen Ländern aufgrund fehlender oder unzuverlässiger Datenlage schwierig.

Zu diesen »klassischen« Unwägbarkeiten im Handel sind in der letzten Dekade für die Außenwirtschaft weitere Dimensionen hinzugekommen.

In seinem Papier »Außenwirtschaftspolitische Zusammenarbeit mit Autokratien« stellt der BDI fest, dass »das Vertrauen in die Überlegenheit des liberalen Demokratie- und Wirtschaftsmodells als Garant für Prosperität, gesellschaftliche Chancengleichheit und die Erhaltung der Umwelt tiefe Risse bekommen« hat. Auch Yuval Noah Harari konstatiert eine Ermüdung der »liberalen Erzählung«[3] und damit einen Rückgang der Attraktivität marktwirtschaftlicher Systeme im internationalen Wettbewerb. Der Systemwettbewerb zwischen unserer sozialen Marktwirtschaft und anderen, staatlich geprägten Wirtschaftsformen, die für Deutschland wichtige Absatz- und Beschaffungsmärkte darstellen, »ist in vollem Gang«.[4] Die deutsche Außenwirtschaft steht gewissermaßen im Zentrum dieses systemischen Wettbewerbs und musste lernen, in einem wachsenden Spannungsfeld zwischen dem Einsatz für »heimische« Wertegrundsätze im Rahmen ihrer Exportgeschäfte und einer notwendigen Kompromissfähigkeit mit »schwierigen« Partnern im unternehmerischen Alltag zu agieren. Und so wird das Ausfuhrgeschäft für viele exportierende Unternehmen zunehmend zu einem Balanceakt, geprägt durch eine steigende Zahl von nationalen und europäischen regulatorischen Anforderungen, die zu beachten sind. Erschwerend kommt hinzu, dass deutsche Exportunternehmen auf ihren angestammten Absatzmärkten zunehmend mit Wettbewerbern konfrontiert werden, die selbst von massiver staatlicher Unterstützung profitieren,[5] ohne in ihren Heimatländern in einem vergleichbaren Spannungsfeld agieren zu müssen.

Die Hindernisse, die exportierende deutsche Unternehmen überwinden müssen, wenn sie auf globalen Märkten »Made in Germany« verkaufen, sind mit der beschriebenen Entwicklung in den letzten 20 Jahren deutlich höher geworden. Diese Wahrnehmung erlebe ich in vielen bilateralen Gesprächen und Diskussionsrunden mit kleinen und großen Unternehmen in der Außenwirtschaft. Ich erlebe aber auch, dass der Wille in der Wirtschaft, als »Botschafter« Deutschlands für unsere Werte in der Welt einzustehen, sehr ausgeprägt ist. Dies kommt nicht zuletzt in dem Papier des BDI zur außenwirtschaftspolitischen Zusammenarbeit mit Autokratien klar zum Ausdruck. Exportorientierte Unternehmen stehen vor der Aufgabe, ihren Einfluss über Handelsbeziehungen geltend zu machen, soweit ihre Einflussmöglichkeiten reichen. Die Grenzen ihres Einflusses sind immer wieder auszuloten, auch vor dem Hintergrund, dass Unternehmen Gewinne erwirtschaften müssen.

Damit stellt sich die nicht einfach zu beantwortende Ausgangsfrage dieses Beitrags: *Wie viel Unsicherheit verträgt das Exportgeschäft?* Das geschilderte heutige Werte-, Wettbewerbs- und Risikoumfeld erfordert mehr denn je eine professionelle Risikoeinschätzung und ein entsprechendes Risikomanagement. Und die gute Nachricht ist: Die Bundesregierung verfügt über ein Instrument, das Exporteure in die Lage versetzen kann, auch in einem Hochrisikoumfeld tätig zu sein. Das Instrument der Exportkreditgarantien (auch »Hermesdeckungen« genannt) ist im Instrumentenkasten der Risikomitigierung für viele Exporteure ein unverzichtbarer Baustein, um in risikoreicheren Ländern erfolgreich navigieren und eine Finanzierung auf die Beine stellen zu können. Oft dürfte insbesondere in den hier in Rede stehenden Märkten diese staatliche Absicherungsform tatsächlich die einzige Option sein, ein Geschäft trotz der bestehenden Unsicherheiten überhaupt durchführen zu können.

Wenn es die Exportkreditgarantien nicht schon seit 1949 gäbe, man müsste sie heute erfinden. Das Instrument reduziert Risiken dort, wo der private Versicherungsmarkt keinen Risikoappetit hat (Subsidaritätsprinzip), ermöglicht wettbewerbsfähige Finanzierungen, unterstützt stabile wirtschaftliche Beziehungen auch über schwierige politische Phasen hinweg, fördert die wirtschaftliche Entwicklung in Schwellen- und Entwicklungsländern und schafft in der Regel genau das, was der BDI in seinem Papier zur Außenwirtschaftspolitik mit Autokratien fordert: einen Interessenausgleich zwischen den unterschiedlichen Dimensionen von Außenwirtschaftspolitik herbeizuführen. Und zumindest in den letzten 22 Jahren hat dies den Steuerzahler keinen Cent gekostet: Über die Risikoprämie, die die Transaktionsbeteiligten für die Absicherung zu leisten haben, tragen sich die Hermesdeckungen langfristig selbst, auch wenn es in Krisenjahren zu Defiziten kommen kann.

Das aktuelle Risikoumfeld für Exporteure

Betrachtet man die Risiken im Exportgeschäft – und zwar unabhängig von der Regierungsform in den Absatzmärkten – muss wohl festgestellt werden, dass Handel heute komplexer und risikoreicher geworden ist als noch vor 10 Jahren.

1. Geopolitische Komplexität

Vor einiger Zeit begegnete mir ein ausgewiesener Handelsexperte mit dem Satz: »Wenn ich einen Wunsch frei hätte, würde ich mir wünschen, dass der Handel wieder langweilig wird.« Gleichzeitig äußerte er jedoch die Vermutung, dass sein Wunsch wohl in nächster Zeit nicht in Erfüllung gehen werde. Diese Einschätzung dürften wohl die meisten Verantwortungsträger im Außenhandel teilen. Es ist für niemanden neu, dass wir im VUCA-Zeitalter[6] leben. Wir erleben einen beispiellosen Anstieg der Komplexität für alle, die an internationalen Geschäftstätigkeiten beteiligt sind. Die Unterbrechung der globalen Lieferketten ist nur eine Hürde unter vielen. Wir sehen, dass die politischen Spannungen überall auf der Welt zunehmen. Unternehmen müssen zunehmend zwischen Sanktionen und *blocking regulations* navigieren – unter hohen finanziellen und Reputationsrisiken.

Es findet ein massiver geopolitischer Wandel statt, der neue Risiken für Exporteure mit sich bringt. Mit der Verlagerung des geoökonomischen Zentrums vom Nordatlantik in den Pazifik entsteht eine neue globale Wirtschaftsordnung. Global agierende Unternehmen sehen sich heute mit neuen geopolitischen Risiken konfrontiert: neben das traditionelle Standortrisiko tritt das systemische Risiko der geoökonomischen Multipolarität. Handel wird politischer. Besondere Aufmerksamkeit zieht aktuell der sogenannte »Wettstreit des Jahrhunderts«[7] zwischen den USA und China auf sich. Dieser Wettstreit betrifft Deutschland unmittelbar. Je höher der Anteil eines Landes an der globalen Wertschöpfungskette ist, desto empfindlicher und anfälliger ist ein Land für Schocks entlang der Wertschöpfungskette.[8] Die zunehmenden politischen Spannungen übersetzen sich in steigende Risiken für die deutsche Außenwirtschaft. Exporteure und Banken stehen vor komplexen strategischen Herausforderungen, bei denen neue geopolitische Risiken zu den traditionellen Risiken der Exportfinanzierung hinzukommen.[9] Hierzu gehören auch Protektionismus und Abschottungstendenzen, welche die Globalisierung bremsen und verändern. China setzt im Zuge der Dual-Circulation-Strategie mit Nachdruck auf eine mittelfristige Selbstversorgung, um aus geopolitischer Sicht die Abhängigkeit vom Ausland zu mindern. Auch die EU ist dabei, ihre Schutzinstrumente gegenüber China zu stärken und zu erweitern. Damit dürfte auch aus diesem Grund die Handelsverflechtung mit China deutlich langsamer zunehmen als in der Vergangenheit.

Mit dem zu Redaktionsschluss dieses Buches gestarteten Angriff Russlands auf die Ukraine ist das größte denkbare geopolitische Risiko unmittelbar eingetreten. Massive Sanktionen gegen Russland wie auch angekündigte Vergeltungsmaßnahmen werden unmittelbare Auswirkungen auf den deutsch-russischen Handel und die hier engagierten Exporteure haben.

2. Transport, Logistik & Lieferketten

Wurde der Warentransport seit Einführung des Containers in den letzten Jahren immer günstiger, so hat die Pandemie eine Wende eingeleitet. Lieferketten wurden unterbrochen, es kam zu einer Reduzierung eingesetzter Schiffe und des Hafenpersonals. Eine unterschiedlich schnelle Erholung führte zu Störungen in der Verteilung von Transportkapazitäten und Frachtcontainern[10] und dadurch bedingt zu erheblichen Verzögerungen bei Lieferungen sowie stark steigenden Kosten. Auch wenn sich diese *bottlenecks* langsam auflösen, könnte perspektivisch das Ziel der Reduzierung von Treibhausgasen die Transportkosten weiter erhöhen und die Erfahrungen mit den jüngsten Unterbrechungen globaler Lieferketten den Handel perspektivisch stärker regionalisieren. Laut einer Umfrage von Euler Hermes Ende 2020[11] planten 55 % der rund 1200 befragten Unternehmensvertreter und -vertreterinnen, sich in den nächsten 6–12 Monaten nach neuen Zulieferern umzusehen und 62 % dies langfristig in Betracht zu ziehen. Immerhin etwa 10–15 % denken dabei auch über die Verlagerung der Produktion ins Inland *(reshoring)* nach. Für die deutschen Teilnehmenden an der Studie erscheint die Verlagerung in ein nahe gelegenes Land *(nearshoring)* mit etwa 44 % jedoch attraktiver. Lieferengpässe führen zu steigenden Kosten: bekannte Beispiele sind Mikrochips, Stahl oder Öl. Die Gründe sind vielfältig: falsche Bestellpolitik, lange Vorlaufzeiten für Produktionssteigerungen, hohe Nachfrage durch Homeoffice, Abbau von Lagerbeständen und Kapazitäten wegen erwartetem, aber nicht eingetretenem Konjunktureinbruch, höhere Transportkosten. Bei Ölengpässen liegt es auch an der schnelleren Erholung der Wirtschaft und reduzierten Lieferungen durch die OPEC – meist Autokratien. Westliche Energiekonzerne ziehen sich aus Klimaschutzgründen zunehmend aus der Ölproduktion zurück. Diese steigenden Kosten verteuern deutsche Exporte: Je nach Marktstellung können die Kosten mal mehr, mal weniger an die Kunden weitergegeben werden. In jedem Fall erschweren sie die Kalkulation und die Angebotserstellung.

3. Unsicherheit Wechselkurs

Die Pandemie hat im letzten Jahr die Volatilität von Wechselkursen erhöht. Im Durchschnitt sind die Wechselkurse vieler Länder (darunter auch einige Autokratien) zwar relativ stabil geblieben (Ägypten, Brasilien, Indien, Südafrika) oder haben sogar aufgewertet (Russland, China). Abgewertet haben Argentinien und besonders drastisch die Türkei. Herausfordernd ist hierbei jedoch im Wesentlichen die gestiegene Unberechenbarkeit von Wechselkursentwicklungen, die insbesondere durch zuvor nicht da gewesene makroökonomische Tendenzen im Kontext der Pandemie forciert werden.

4. Barrieren durch die Pandemie

Ein gewisses Maß an Vertrauen gehört zu den Grundvoraussetzungen im Exportgeschäft. Die Kontaktpflege zu bestehenden Kunden kann durch Videokonferenzen während der Pandemie in bestimmtem Maße und je nach Kulturkreis gewährleistet und im Einzelfall u. U. verbessert werden. Die Orientierung in einem neuen Markt, der Aufbau neuer Kundenbeziehungen wie auch der Betrieb von Repräsentanzen vor Ort benötigen hingegen meist physische Kontakte, die aktuell erschwert oder verhindert werden.

5. Insolvenzrisiken

Die Entwicklung der Zahlungsrisiken lässt sich heute schwerer prognostizieren als vor der Pandemie. Die massiven staatlichen Stützungsmaßnahmen und das schwer prognostizierbare Pandemiegeschehen hat zu einer Reihe von Fehleinschätzungen über die zu erwartenden Zahlungsausfälle geführt. Die Coronakrise war nicht mit der Finanzkrise von 2008/09 vergleichbar, sodass Letztere als Blueprint z. B. für die Vorhersage von Insolvenzen nicht getaugt hat. Das heißt aber nicht, dass es bei einer zukünftigen Krise wieder genauso sein muss. Wir lernen, dass Krisen zunehmend global sind, aber wohl eigenen Mechanismen gehorchen.

Die schrittweise Rücknahme der Unterstützungsmaßnahmen für Unternehmen wird nach Prognose der Allianz zu einer allmählichen Normalisierung der Unternehmensinsolvenzen führen.[12] Der Insolvenzindex dürfte nach dieser Prognose 2022 nach zwei aufeinanderfolgenden Jahren des Rückgangs (–6 % für 2021 und –12 % für 2020) wieder um +15 % gegenüber dem Vorjahr steigen. Massive staatliche Eingriffe haben dazu beigetragen, jede zweite Insolvenz in Westeuropa und jede dritte in den USA zu verhindern, was zu einem Rückgang von insgesamt –12 % im Jahr 2020 führte. Es wird zunächst eine vorsichtige, schrittweise Rücknahme der Unterstützung erwartet, um den Druck auf die Liquidität und Solvabilität der Unternehmen zu reduzieren. Infolgedessen dürften die weltweiten Unternehmensinsolvenzen in den meisten Ländern bis Ende 2021 auf einem niedrigen Niveau bleiben, sodass die Insolvenzwelle erst 2022 an Fahrt gewinnen wird. Doch selbst 2022 werden die Insolvenzen in den meisten Ländern immer noch unter dem Niveau vor der Coronakrise bleiben (im Durchschnitt um –4 %). Die Berner Union, der Club der Exportkreditagenturen, berichtet in 2021 noch über sehr geringe Schäden im Kurzfrist- (38 % geringer als im Vorjahreszeitraum) und unveränderte Schäden im Mittel- und Langfristgeschäft, sieht aber für die nächsten zwölf Monate noch erhebliche Unsicherheiten.[13]

6. Transformation zur Klimaneutralität

Es gibt wohl keinen Zweifel daran, dass die Transformation zur Klimaneutralität Deutschlands Wirtschaft vor eine Jahrhundertaufgabe stellt. Deutsche Unternehmen stehen vor massiven Veränderungen und einem enormen Investitionsbedarf. Für exportierende Unternehmen kommt die Komplexität unterschiedlicher Geschwindigkeiten und Transformationskonzepte in den Bestellerländern hinzu. Bei Finanzierungsinstituten und Exportkreditagenturen entstehen Klimastrategien und Standards, auf die sich Unternehmen einstellen müssen und die die Exportfinanzierung und

-förderung verändern werden. Für die deutsche Wirtschaft entstehen durch die weltweiten Klimaschutzmaßnahmen Chancen: In der Umwelttechnik und Ressourceneffizienz sind etablierte deutsche Industriebranchen bislang global gut positioniert. Deutschland mit seiner breiten Industriebasis und seinen lokalen Lieferketten hat das Potenzial, den Wettlauf um die Pole-Position im Green-Tech zu gewinnen. Allerdings müssen andere, sehr erfolgreiche, aber energieintensive Branchen aufgrund der Klimaschutzanforderungen in Zukunft erhebliche Transformationsleistungen erbringen. Jeder siebte Industriebetrieb in Deutschland glaubt, sein Geschäftsmodell nicht anpassen zu können.[14] Insgesamt steigt der Druck, CO_2-Emittenten, die sich nicht am globalen Klimaschutz beteiligen wollen, durch Handelspolitik zum Umdenken zu bewegen.

Selbst wenn die Einsicht zum Umdenken besteht, ist das Umlenken für viele schwierig und wird lange, vielleicht zu lange dauern. Unter den CO_2-Emittenten finden sich viele Autokratien, deren Stabilität auf Öl- und Gaseinnahmen beruht. Wenn plötzlich Geld für die Subventionierung von Lebensmitteln, Bildung, Gesundheits- und Altersversorgung sowie die Aufrechterhaltung umfangreicher öffentlicher Beschäftigung und schließlich des Sicherheitsapparates knapper wird, kann das schnell die Legitimation der Herrschenden untergraben. Trotz dieser Gefahren haben viele kaum Fortschritte bei der Diversifizierung ihrer Wirtschaft gemacht. Meist fehlt es an effizienten Institutionen, angemessener Infrastruktur und ausreichend Fachkräften. Relativ gute Chancen, sich noch rechtzeitig anzupassen, werden z. B. den Golfstaaten eingeräumt.[15] Saudi-Arabien beispielsweise investiert hohe Summen in Bildungs-, Gesundheits- und Tourismusinfrastruktur und will gleichzeitig durch eine komplette Umstellung auf Erneuerbare bis 2060 das Net-Zero-Ziel erreichen. Allerdings nur bei den eigenen Emissionen. Ölexporte sollen nicht angerechnet werden. Wenn die Öleinnahmen jedoch zu schnell sinken – manche sprechen von einer »traumatischen Dekarbonisierung«[16] – könnte auch der Umbau von Wirtschaft und Gesellschaft ins Stocken geraten.

Destabilisierte Autokratien können eine Gefahr für ihre Nachbarn und die eigene Bevölkerung darstellen. Geopolitische Sicherheitsaspekte nehmen in der Klimadebatte aber bisher nur eine untergeordnete Rolle ein. Durch wirtschaftliche Kooperation und starke Handelspartnerschaften können wir einen Beitrag leisten, dass sie nicht in den Vordergrund drängen.

Die Exportkreditgarantien – ein Erfolgsmodell für die deutsche Exportwirtschaft

1. Der Anfang

Vor mehr als 70 Jahren, am 9. November 1949, trat in Frankfurt-Hoechst der »Ausfuhrgarantie-Ausschuss« zu seiner ersten Sitzung zusammen. Damit nahm ein Gremium seine Arbeit auf, das für die deutsche Exportwirtschaft eine große Bedeutung erlangen sollte und heute als »Interministerieller Ausschuss« oder kurz IMA bekannt ist. In der Festschrift »40 Jahre Ausfuhrgewährleistungen des Bundes« beschrieb der Sachverständige von Hochtief, Dr. Peipers, die Arbeit des IMA: »Der IMA ist [...] ein Gebilde sui generis. Er vereint in sich die Sachkunde der Bundesministerien für Wirtschaft, Finanzen, wirtschaftliche Zusammenarbeit und Auswärtiges [...] Der Bundeswirtschaftsminister führt die Feder, erfahren und konstruktiv. Der Bundesfinanzminister versteht sich keinesfalls nur als vetoberechtigter Bedenkenträger, gießt dennoch oft Wasser in den Wein der Antragsteller. Die Mandatare (Anm.: heute Euler Hermes) [...] sind durch Sachkunde hohen Grades vertreten [...] Schließlich gibt es noch 9 Sachverständige aus Industrie, Bankenwirtschaft und Exporthandel. Sie haben kein Stimmrecht, doch ihre Stimme zählt […] Sie sollen Erfahrungen aus der Praxis […] beisteuern und verhindern, dass Entscheidungen am grünen Tisch getroffen werden.«

Der Wirtschaftsrat des vereinigten Wirtschaftsgebiets folgte mit der Einrichtung des vom IMA geführten Instruments einer Initiative der Exportwirtschaft, die deutsche Ausfuhrkreditversicherung nach kriegsbedingter Unterbrechung auf staatlicher Ebene fortzuführen. Der ursprüngliche Ermächtigungsrahmen von 120 Millionen DM erwies sich schon schnell als zu niedrig und wurde bereits 1950 auf 600 Millionen DM erhöht. Heute beträgt der haushaltsrechtliche Ermächtigungsrahmen im Haushaltsgesetz 155 Milliarden EUR (Haushaltsgesetz 2021). Getragen wurde das Instrument über die Jahrzehnte vor allem von der Erkenntnis, dass eine langfristige Erschließung und Sicherung von Exportmärkten nur möglich ist, wenn die Geschäftsbeziehungen zu ausländischen Kunden auch in schwierigen Zeiten aufrechterhalten werden. Insbesondere die versicherungsmathematisch kaum berechenbare Entwicklung von politischen Risiken, die Übernahme von sehr langfristigen (bis zu 18 Jahren Kreditlaufzeit) und großvolumigen Risikoballungen auf einzelne Abnehmer, einzelne Länder und einzelne Sektoren macht eine Risikoübernahme durch die Export- oder private Versicherungswirtschaft nicht möglich. Hier ist auch heute der Staat gefragt. Die Bundesrepublik Deutschland stellt ein umfangreiches, selbsttragendes und damit marktwirtschaftliches Instrumentarium zur Verfügung. Seit seiner ersten Sitzung 1949 »hat der IMA die deutsche Exportwirtschaft auf vielen ihrer oft risikoreichen Wege in alle Welt begleitet […] Seine Rolle bei der Erschließung neuer Märkte war oft unverzichtbar«.[17]

Beim Blick in die historischen Dokumente seit Bestehen des Instruments entsteht das Bild einer sich wandelnden Risikolandschaft für deutsche Exporteure über die Jahrzehnte. Ging es zunächst darum, nach dem Krieg an Handelsbeziehungen wieder anzuknüpfen, traten später Ausfuhrgeschäfte mit neuen Märkten, insbesondere Entwicklungsländern, in den Vordergrund. Auch die Exportwirtschaft diversifizierte sich. Im Zentrum des Instruments stand von Anfang an eine wachsende Zahl kleiner und mittelständischer Unternehmen, die ihren Umsatz zunehmend im Ausland erwirtschafteten – mit entsprechenden Zahlungsrisiken. Neben Produzenten traten Handelshäuser, für die gerade Schwellen- und Entwicklungsländer zu wichtigen Absatzmärkten wurden, weil sie für viele herstellende Unternehmen nicht ausreichend groß waren, um selbst Niederlassungen zu gründen. »Charakteristisch für diese Länderkategorie ist eine mehr oder weniger ausgeprägte Devisenknappheit, vielfach verbunden mit politischer Labilität und unausgewogener Wirtschaftsstruktur. Da der Waren- und Zahlungsverkehr infolgedessen unkalkulierbaren politischen und politisch bedingten Risiken unterliegt, haben die Industrieländer [...] staatliche [...] Kreditversicherungssysteme geschaffen, die einen großen Teil dieser Risiken abdecken.«[18]

Die Exportkreditgarantien sind auch deshalb so besonders, weil sie seit Anbeginn nicht nur Risikoaspekte berücksichtigen, sondern stets eine Abwägung mit der Förderungswürdigkeit des Exportgeschäftes vornehmen. Zwischen Förderungswürdigkeit und Risiko besteht eine wechselseitige Abhängigkeit: je höher das Risiko, desto strengere Anforderungen sind an die Förderungswürdigkeit zu stellen. Hierbei werden alle Gesichtspunkte wie beispielsweise die Wichtigkeit des Geschäfts für die Exportfirma, ihre Beschäftigungslage, die strukturelle Situation des Unternehmens und die der Branche, die technologische Bedeutung des Projektes wie auch die entwicklungspolitischen Aspekte mit einbezogen. Ergibt die Prüfung, dass die Förderungswürdigkeit so gewichtig ist, dass ein besonderes Interesse an der Durchführung besteht, können auch erhebliche Risikobedenken zurückgestellt werden, solange noch eine ausreichend hohe Wahrscheinlichkeit an einem schadensfreien Verlauf vorliegt. Diese »flexible und liberale, an den Besonderheiten des Einzelfalles [...] orientierte Entscheidungspraxis des Interministeriellen Ausschusses ist durch das Kabinett am 30. November 1977 ausdrücklich bestätigt worden«.[19] Voraussetzung hierfür war jedoch immer, dass sich das Instrument langfristig selbst trägt. Dies ist aus heutiger Sicht eindeutig der Fall.[20]

2. Exportkreditgarantien heute

Auch heute sind die Exportkreditgarantien für viele Exporteure in bestimmten Bereichen ihres Ausfuhrgeschäfts unerlässlich. Dies gilt insbesondere dann, wenn das Abnehmerland als politisch unsicher einzuschätzen ist. Hierbei orientiert man sich beispielsweise an der Länderklassifizierung und sieht ab einer bestimmten Länderkategorie (oft Länderkategorie 3) zwingend eine Hermesdeckung vor. Entscheidend für die Hermesdeckung ist, dass sich gerade Länderrisiken nach Überzeugung vieler Exporteure anderweitig kaum vernünftig absichern lassen. Aufgrund des förderpolitischen Auftrages des Hermes-Instrumentariums geht die Erwartung dahin, mit einer Absicherung durch die Bundesregierung geschützt zu sein. Gerade die Absicherung gegen die Risiken, die nicht mit der individuellen Zahlungsschwäche eines ausländischen Bestellers oder der fehlenden wirtschaftlichen Tragfähigkeit eines Projektes in Zusammenhang stehen, gehört seit jeher zur maßgeblichen Zweckbestimmung des Systems staatlicher Ausfuhrgewährleistungen.

Bis in die späten 1990er Jahre hinein haben die Aufwendungen des Bundes für politisch bedingte Entschädigungsleistungen den weit überwiegenden Anteil ausgemacht. Die Folgen der Verschuldungskrise vieler Schwellen- und Entwicklungsländer in den 1980er Jahren haben ebenso ihre Spuren in der Entschädigungsbilanz des Hermesinstrumentariums hinterlassen wie etwa auch der spätere Zusammenbruch der Sowjetunion und die Transformation der Wirtschaft in anderen vormals sozialistischen Ländern. Das Hermesinstrumentarium stand mit seinem Deckungsschutz für die Bewältigung solcher Risikoszenarien immer passgenau zur Verfügung.

Mit Beginn des neuen Jahrtausends hat der Bund dann zunehmend Entschädigungen für wirtschaftliche Schadensfälle geleistet. Dies lag allerdings nicht daran, dass das politische Risiko entfallen wäre. Vielmehr manifestierte sich immer noch das gleiche inhaltliche Risiko, allerdings in einem anderen Gewand. Bis zur Jahrtausendwende war es in vielen Ländern bei einer entsprechenden Devisenknappheit üblich, den Zahlungsverkehr mit Devisen faktisch einzustellen oder ein förmliches Zahlungsmoratorium zu erlassen, was einen klassischen politischen Schadenstatbestand erfüllt. Demgegenüber wählen die Länder nunmehr eher den Weg über eine Abwertung der eigenen Landeswährung.

Dieses Risiko trug und trägt im Rahmen der Exportkreditgarantien der Bund, der geschilderten Situation folgend spiegelbildlich auch in einem etwas anderen Gewand, nämlich nicht über einen klassischen politischen Gewährleistungsfall, sondern über den *protracted default,* den Fall der Nichtzahlung. Denn bei diesem Schadenfall wird nicht danach gefragt, ob die Ursache für die Nichtzahlung politischer oder wirtschaftlicher Natur ist. Der *protracted default* zählt deckungssystematisch zu den wirtschaftlichen Schadenstatbeständen, ohne die zugrunde liegenden Sachverhalte im Einzelnen auf etwaige politische Ursachen zu untersuchen.

Der klassische politische Schadensfall ist zudem nicht verschwunden. Gerade in politisch schwierigen Ländern manifestiert sich der politische Schadensfall z. B. bei der Nichterfüllung des Exportvertrages aufgrund einer unsicheren Sicherheitslage im Bestellerland und der damit verbundenen Unmöglichkeit, eigenes Personal vor Ort einzusetzen. Die politische Deckung ist zudem das Mittel der Wahl, wenn es darum geht, die Forderungsbeziehung einer deutschen Muttergesellschaft mit seinen Auslandstöchtern gegen Länderrisiken abzusichern.

Exportkreditgarantien und Autokratien

Ein Exporteur beteiligt sich an einem Prestigevorhaben eines autokratischen Regimes. Bei einem politischen Umschwung, der sich in Autokratien plötzlich vollziehen kann, können Geschäftsrisiken entstehen, weil sich ein neuer Machthaber von den Projekten der Vorgängerregierung distanziert. In einem zweiten Fall liefert ein Maschinenbauunternehmen aus Baden-Württemberg eine Recyclinganlage an die Stadtverwaltung in einem autokratischen Staat. Der Bürgermeister tritt zurück, undurchsichtige Vorwürfe werden erhoben, hinter vorgehaltener Hand werden ihm politische Ambitionen auf die Staatsspitze nachgesagt. Das Team des neuen Bürgermeisters nutzt die Chance: Es kommt zu einer Anfechtung der Verträge, den deutschen Projektbeteiligten wird ohne Grund Fehlverhalten vorgeworfen und die Zahlungen eingestellt. In einem dritten Fall werden Stadtbusse an eine Stadt geliefert, die von der Opposition regiert wird. Von Willkür geprägte zentralstaatliche Einflussnahmen auf die Stadt mit Auswirkungen auf die Zahlung durch die Stadt drohen. Auch bei Exportverträgen mit privaten Unternehmen in autokratischen Ländern gibt es besondere Risiken: zahlreich sind die Fälle, in denen Unternehmer in Ungnade fallen, abgesetzt oder verhaftet werden und dadurch erhebliche Risiken für Lieferanten und Gläubiger ganzer Unternehmensgruppen entstehen. Geschäfte in Autokratien können sehr unerwartet aus nicht nachvollziehbaren politischen Gründen in Probleme geraten. Dies sind typische Beispiele für besondere Risiken, die mit Exporten oder Investitionen in autokratisch regierte Bestellerländer einhergehen können. Änderungen der Rahmenbedingungen können in Autokratien schneller eintreten als in Demokratien, weil im Zweifel eine Person entscheiden kann und oft keinen formalen Prozessen folgen muss. Und wie der arabische Frühling gezeigt hat, kann sich scheinbare Stabilität überraschend plötzlich in das Gegenteil verkehren. In Demokratien oder Staaten mit jedenfalls demokratischen Grundstrukturen kündigt sich das schon wegen des öffentlichen Diskurses meist frühzeitig an. Eine Absicherung durch die Bundesregierung kann nicht nur das wirtschaftliche Zahlungsrisiko mitigieren. Vielmehr kann der Geleitschutz durch die Bundesregierung helfen, dass es gar nicht erst zu einem Zahlungsausfall kommt und das Projekt trotz politischer Turbulenzen weitergeführt werden kann. Für den Exporteur ist das Vermeiden eines Schadensfalles trotz Bundesdeckung immer die bessere Variante, weil hierdurch Kunden und Märkte erhalten werden können. Neue Geschäftsbeziehungen zu knüpfen ist erheblich schwieriger, als alte aufrechtzuerhalten.

Ein weiterer wichtiger Nutzen des staatlichen Geleitschutzes in autokratischen Staaten wird oft übersehen: Während in westlichen marktwirtschaftlichen Systemen Staat und Privatwirtschaft auf der Basis von Regeln auf Augenhöhe zusammenarbeiten, ist diese Balance in Autokratien häufig gestört. Die Grenzen zwischen Unternehmen und Staat sind beweglich, abhängig von Interessen der herrschenden Partei oder Familie, weswegen ausländische private Unternehmen bei Auseinandersetzungen in autokratischen Staaten häufig nur dann ernst genommen werden, wenn die eigene

Regierung die Interessen des Unternehmens sichtbar unterstützt. Nur so lässt sich Waffengleichheit herstellen, jedenfalls solange die Machthaber Interesse an funktionierenden Beziehungen zum Herkunftsland haben.

Aber wie steht es denn tatsächlich um die Schadenserfahrungen mit Exportgeschäften in Autokratien? Ein Blick auf die jüngere Schadenshistorie der Exportkreditgarantien lässt nicht den Schluss zu, dass bestimmte Regierungsformen tatsächlich zu höheren Ausfällen führen. Handel mit Autokratien ist nach den Erfahrungen mit dem Instrument der Exportkreditgarantien nicht strukturell mit höheren Ausfällen für den Bundeshalt verbunden. Die Schadenentwicklung in beispielhaft analysierten Bestellerländern, die Autokratien sind oder waren, zeigt, dass dort generell kein höheres Schadenaufkommen zu beobachten war. Eine These, wonach in autokratisch regierten Bestellerländern mehr Schäden eintreten, lässt sich auf Basis dieser Zahlen nicht herleiten. Bei dieser Betrachtung bleibt allerdings außen vor, dass das Vorhandensein einer Bundesdeckung per se eine Nichtzahlung durch den Käufer deutlich unwahrscheinlicher macht. Deckungen erlauben den Zugang zu höheren staatlichen Instanzen (oft direkt die oberste Ebene), sichern die Offenhaltung der sonst scheinbar verstellten Rechtswege und schaffen die Bereitschaft zur Verhandlung. Auch privatwirtschaftliche Kontrakte werden durch die staatliche Absicherung weniger antastbar. Diese Wahrnehmung gibt es ganz offensichtlich auch in der Exportwirtschaft. Ein Blick auf die Deckungsnachfrage zeigt, dass die Absicherung durchaus schwerpunktmäßig für Ausfuhrgeschäfte gesucht wird, die in Ländern mit einem eher autokratisch geprägten Regime getätigt werden. 2020 waren unter den Top 10 Ländern der Hermesdeckungen nur drei Demokratien, die übrigen Bestellerländer waren Länder mit zumindest autoritären Tendenzen. Verbreitert man die Analyse auf einen Zehnjahreszeitraum und lässt man die Sondersektoren Schiffe und Flugzeuge außen vor, weil dort die Sitzländer der Besteller praktisch keinen Einfluss auf das tatsächliche Transaktionsrisiko haben, entfällt sogar 68 % des Deckungsvolumens auf Länder mit zumindest autoritären Tendenzen. Hierbei ist zu berücksichtigen, dass es sich gemäß der hier gewählten Definition nur bei 39,7 % der Länder der Welt um reine Demokratien handelt, die sich im Wesentlichen innerhalb Europas und Nordamerikas befinden – Bestellerländer, die naturgemäß aufgrund des eingangs erwähnten Subsidiaritätsprinzips nur im begrenzten Umfang bei den Hermesbürgschaften auftreten.

Interessenausgleich als Wesensmerkmal der Hermesdeckungen

Laut des BDI in seinem Papier zur außenwirtschaftspolitischen Zusammenarbeit mit Autokratien geht es aktuell um eine verantwortungsvolle Koexistenz von verschiedenen Systemen, die auf den Weltmärkten miteinander im Wettbewerb stehen, unterschiedliche Auffassungen zur Gesellschaftsordnung haben, aber auch kooperieren müssen. Das BDI-Papier beschreibt – auf der Suche nach einem neuen Kurs beim Handel mit autokratischen Staaten – sehr anschaulich das Spannungsfeld zwischen einer an »heimischen« Wertegrundsätzen ausgerichteten Außenwirtschafts- und Handelspolitik und der Notwendigkeit einer politischen und unternehmerischen Kompromissfähigkeit im Alltag, mit dem Ziel, »Wohlstand, Entwicklungschancen und Aufstiegsmöglichkeiten im In- und Ausland zu schaffen«. Der BDI plädiert dabei für einen »ergebnisoffenen Dialog über die Frage, wo Einflussnahme mit wirtschaftlichen Mitteln und Ansprüche an andere Länder gerechtfertigt sind und wo sie ihre Grenzen haben. Während universelle Menschenrechte bspw. nicht verhandelbar seien, könne nicht »jeder Arbeits-, Umwelt- oder Sozialstandard, der vom europäischen Standard abweicht, die wirtschaftliche Zusammenarbeit in Frage stellen«.

Dieses Spannungsfeld ist gewissermaßen Wesensmerkmal der Exportkreditgarantien. Sei es die Frage nach einer Anpassung von Länderdeckungspolitiken oder eine Abwägung unterschiedlicher Förderungswürdigkeits- oder Risikoaspekte in einzelnen Exportgeschäften. In der Regel schafft das Instrument genau das, was der BDI fordert: Einen Interessenausgleich herbeizuführen zwischen politischen Themen wie Menschenrechte, Klima- und Umweltschutz oder Korruptionsbekämpfung und unternehmerischen Interessen andererseits. Beispielhaft erwähnt seien die hohen Anforderungen bei der Nachhaltigkeitsprüfung, die dazu führen, dass z. B. Menschenrechtsverletzungen nicht unter den Tisch gekehrt, sondern mit »offenem Visier« benannt werden. Das Instrument der Hermesdeckungen schafft damit im Kleinen, was im Großen immer wieder neu verhandelt werden muss, und reflektiert in seinen Rahmenbedingungen unsere jeweiligen Wertegrundsätze.

Hierbei ist eines wichtig: Unternehmen bzw. Exporte benötigen (Rechts-)Sicherheit hinsichtlich dieser Rahmenbedingungen. Ist diese gegeben, so bietet das Instrument zum Vorteil der Exporteure die vom BDI ins Spiel gebrachte *license to operate*. Wer die Anforderungen im Bereich der Außenförderinstrumente unter den genannten Aspekten der Förderungswürdigkeit erfüllt, erwirbt ein hohes Maß an Sicherheit, diese Geschäfte auch in einem politisch schwierigen Umfeld durchführen zu können. Denn vor Garantieübernahme wurde sorgsam geprüft, abgewogen und entschieden, unternehmerisches Engagement mit politischen Rahmenbedingungen – reflektiert durch geltende Standards – abgeglichen. Der geforderte »ergebnisoffene Dialog« über Einfluss und Grenzen ist hier eben bereits Teil des Antragsverfahrens im Einzelfall.

Länderbeschlusslagen

Ein gutes Beispiel für einen Bereich, in dem politische Entwicklungen immer wieder mit dem Instrument der Exportkreditgarantien in Einklang gebracht werden müssen, sind die sogenannten Länderbeschlusslagen. Diese beschreiben die Deckungsmöglichkeiten und Entscheidungsverfahren unter Berücksichtigung der länderbezogenen Risikofaktoren für Exportgeschäfte. Außenpolitische Spannungen haben nur sehr vereinzelt Eingang in Länderbeschlusslagen gefunden; sie begründeten hingegen bisweilen situationsspezifische Diskussionen in Einzelfällen. Außenpolitische Beweggründe, die zur Änderung der veröffentlichten Beschlusslage führten, sind in jüngster Vergangenheit für die Türkei dokumentiert. Hintergrund hierfür bildeten neben dem Verfassungsreferendum auch die Einschränkung der Bürgerrechte sowie Meinungs- und Pressefreiheit. Das Resultat war u. a. die Einführung einer Obergrenze für Neugeschäfte von 1,5 Milliarden Euro für das Jahr 2017. Es zeigt sich, dass die Bundesregierung im Kontext diplomatischer Krisen zwar mit einer deutlichen außenpolitischen Positionierung handelt, mit Blick auf das Deckungsinstrument jedoch stets mit ruhiger Hand agiert und den Fördergedanken gegen die Schwere des jeweiligen politischen Konfliktes abgewogen hat. Die sehr stabile Beschlusslagenpolitik beruht zum einen auf dem Ziel, langfristige Außenwirtschaftsbeziehungen sicherzustellen. Zum anderen ist dem Interministeriellen Ausschuss natürlich bewusst, dass ein Eingriff in Deckungspolitiken negative Auswirkungen primär auf die heimische Exportwirtschaft hat, sich jedoch wenig bei dem in Rede stehenden Regime auswirkt. Dies gilt heute umso mehr, als sich der globale Wettbewerb in allen Sektoren deutlich verschärft hat und insbesondere asiatische Wettbewerber bereitstehen, mögliche Lücken zu schließen.

Im Ergebnis hat die Bundesregierung das Deckungsinstrument bei außenpolitischen Spannungen vornehmlich als wichtigen Baustein betrachtet und eingesetzt, um auch in diesen Zeiten die wirtschaftlichen Beziehungen und Handelsströme aufrechtzuerhalten sowie die Gesprächskanäle mit dem betroffenen Land offenzuhalten. Auch dieser Grundsatz gilt selbstverständlich nicht uneingeschränkt. Im Falle des aktuellen Angriffs Russlands auf die Ukraine wurden im Zuge der harten Sanktionen der Staatengemeinschaft auch die Deckungsmöglichkeiten für Exporte nach Russland vollständig aufgehoben.

Fazit

Die Komplexität des Exportgeschäftes hat deutlich zugenommen. Handel wird wieder politischer und risikoreicher. Gleichzeitig steht die Wirtschaft vor einer beispiellosen Transformation und muss sich global in einem harten Wettbewerb behaupten. Gerade in der Zusammenarbeit mit Ländern, die unsere Wertvorstellungen herausfordern, kommt deutschen Exporteuren eine zentrale, aber auch herausfordernde Rolle zu. Hier muss das Spannungsfeld zwischen dem Einsatz für heimische Wertegrundsätze im Rahmen ihrer Exportgeschäfte und einer notwendigen Kompromissfähigkeit mit »schwierigen« Partnern im unternehmerischen Alltag beherrscht werden.

Über die Außenwirtschaftsförderung bietet sich die Bundesregierung in diesem Zusammenhang als verlässlicher Partner an. Mit einer Exportkreditgarantie können sich deutsche Unternehmen gegen Risiken im Auslandsgeschäft absichern. Der Bund fungiert hier primär als Risikoträger und *enabler* attraktiver Finanzierungen. Wichtig ist vielen Unternehmen auch der politische Geleitschutz, den eine Hermesdeckung bietet. Unternehmen können das Angebot der Außenwirtschaftsförderinstrumente zudem auch als die vom BDI geforderte *licence to operate* verstehen. Damit reduziert das Instrument auch bei den »politischen Themen« Unsicherheit und damit Risiken. Unternehmen gewinnen Klarheit über ihren Gestaltungsspielraum. Diese Sicherheit und Verlässlichkeit ist essenziell.

Auch wenn es sich bei den Exportkreditgarantien um ein Instrument zur Förderung privatwirtschaftlicher Zusammenarbeit handelt, so schultern international tätige Unternehmen, wenn sie die Exportkreditgarantien nutzen, bereits »politische Lasten«, denn sie müssen umfangreiche Aspekte berücksichtigen. Eine Hermesdeckung ist eben, anders als bisweilen gedacht, kein »Freifahrtschein«, sondern folgt einem klaren und transparenten Regelwerk, das Risiken und Förderungswürdigkeit eines Exportgeschäftes miteinander abwägt. Gleichwohl sind auch immer Kompromisse nötig, denn mitgestalten lässt sich nur aus einer Position der ökonomischen Stärke heraus.

Im Dialog ist stets ein Ausgleich verschiedener Prioritäten und Interessen zu suchen. Die Politik sollte solche Instrumente nicht überlasten, wenn sie über ihre Wirtschaftssubjekte (Exporteure) mittelbar Einfluss auf Standards ausüben will. Die Wirtschaft muss im Gegenzug bereit sein, Lasten zu tragen, die unsere Wertvorstellungen reflektieren. So kann eine wertebasierte Außenhandelspolitik funktionieren.

Anmerkungen

1   Michaela Fuchs/Sabine Engelmann, Wachstumsmotor Export. Westbetriebe liegen noch immer vorne, in: IAB-Forum 1/2013, Bielefeld 2013, S. 60–65, hier: S. 61 f.; Stella Capuano/Thomas Rhein/Ignat Stepanok, Exportierende und nicht exportierende Betriebe. Unterschiede der Betriebe zeigen sich auch beim Weiterbildungsengagement (IAB-Kurzbericht 07/2017), Nürnberg 2017, S. 1.

2   So auch Heinrich August Winkler, Macht, Moral und Menschenrechte. Über Werte und Interessen in der deutschen Außenpolitik, in: Josef Braml/Wolfgang Merkel/Eberhard Sandschneider, Außenpolitik mit Autokratien, Berlin 2015, S. 29: »Die Stärke der Kräfte, die auf Veränderung drängen, wird regelmäßig unterschätzt, die Stabilität autoritärer Regime überschätzt.«

3   Yuval N. Harari, 21 Lektionen für das 21. Jahrhundert, München 2018, Kap. 1.

4   BDI, Diskussionspapier Außenwirtschaftspolitische Zusammenarbeit mit Autokratien, 16.7.2021, S. 5, https://bdi.eu/artikel/news/aussenwirtschaftspolitische-zusammenarbeit-mit-autokratien/ (abgerufen am 22.2.2022).

5   Gabriel Felbermayr/Stefan Liebing/Bodo Liesenfeld, Perspektiven für eine zukunftsorientierte deutsche Außenwirtschaftspolitik, Kiel Policy Brief (ifw Kiel Institut für Weltwirtschaft), Nr. 154, Mai 2021, S. 12.

6   Laut Wikipedia ein Acronym für »volatility«, »uncertainty«, »complexity« und »ambiguity«. Es beschreibt schwierige Rahmenbedingungen der Unternehmensführung.

7   Geoff A. Dyer, The Contest of the Century. The New Era of Competition with China – And How America Can Win, New York 2014.

8   Siehe z. B. UNCTAD, Global Value Chains and Development, 2013, S. 12, https://unctad.org/system/files/official-document/diae2013d1_en.pdf (abgerufen am 22.2.2022).

9   Zur Bedeutung der Geopolitik für Unternehmen siehe auch: Kathrin Suder/Jan F. Kallmorgen, Das geopolitische Risiko. Unternehmen in der neuen Weltordnung, Frankfurt a. M. 2022.

10   Hillebrand, Where are all the containers? The global shortage explained, o. D., https://www.hillebrand.com/media/publication/where-are-all-the-containers-the-global-shortage-explained (abgerufen am 15.2.2022).

11   Georges Dib, Global Supply Chain Survey. In Search of Post-Covid-19 Resilience, Allianz Research, 10.12.2020, https://www.eulerhermes.com/en_global/news-insights/economic-insights/Global-Supply-Chain-Survey-In-search-of-post-Covid-19-resilience.html (abgerufen am 15.2.2022).

12   Maxime Lemerle et al., Global Insolvencies. We'll be back, 6.10.2021, https://www.allianz.com/en/economic_research/publications/specials_fmo/2021_10_06_Insolvency.html (abgerufen am 15.2.2022).

13   Berne Union, Credit Insurers Cautiously Optimistic as Merchandise Trade Returns to Pre-Pandemic Levels, Pressemitteilung 13.10.2021, https://www.berneunion.org/Articles/Details/618/Credit-insurers-cautiously-optimistic-as-merchandise-trade-returns-to-pre-pandemi (abgerufen am 15.02.2022).

14 Vera Demary et al., Gleichzeitig. Wie vier Disruptionen die deutsche Wirtschaft verändern, IW-Studie 2021, S. 24, https://www.iwkoeln.de/fileadmin/user_upload/Studien/IW-Studien/IW-Studie_2021/IW_Studie_2021.pdf (abgerufen am 15.2.2022).

15 James Lockhart-Smith/Franca Wolf, Energy Transition a Political Risk Nightmare for Least Competitive Oil Producers, Political Risk Outlook, 25.3.2021, https://www.maplecroft.com/insights/analysis/energy-transition-a-political-risk-nightmare-for-least-competitive-oil-producers/ (abgerufen am 15.02.2022).

16 Benjamin J. Spatz et al., Can the World Go Green Without Destabilizing Oil-Pumping Nations?, United States Institute of Peace Analysis, 23.6.2021, https://www.usip.org/publications/2021/06/can-world-go-green-without-destabilizing-oil-pumping-nations (abgerufen am 15.2.2022).

17 Harald Peipers, 40 Jahre Interministerieller Ausschuß für Ausfuhrgarantien und Ausfuhrbürgschaften aus der Sicht eines Sachverständigen, in: BMWi (Hrsg.), Festschrift 40 Jahre Ausfuhrgewährleistungen des Bundes, Bonn 1989, S. 7–10, hier: S. 7.

18 H. Singer, Die Bedeutung der Bundesdeckungen für ein Außenhandelshaus, in: ebd., S. 17.

19 30 Jahre Interministerieller Ausschuß für Ausfuhrgarantien und Ausführbürgschaften, S. 16.

20 Der kumulierte Überschuss aus dem Instrument seit 1951 betrug Ende 2021 7,3 Milliarden EUR (ohne Zinsen).

Hohe Menschenrechtsstandards als Wettbewerbsvorteil? Zwischen hohen Ansprüchen, begrenzten Möglichkeiten und einem gnadenlosen Weltmarkt

VON SABINE HEROLD

Prolog

Eine aus einem Baumstamm geschnittene Holzscheibe auf drei Beinen: Was nach einem selbst gebauten Beistelltisch eines ambitionierten Heimwerkers klingt, war vor 30 Jahren der reguläre Arbeitshocker am Fließband in der chinesischen Fabrik eines Kunden.

Natürlich hatte ich damals, Anfang der 1990er Jahre, die Annahme, dass die Arbeitsstandards zwölf Flugstunden entfernt andere sind als bei uns in Mitteleuropa. Aber dass in der Produktionsstätte eines europäischen Unternehmens Arbeiterinnen zu Hunderten dicht gedrängt, Schulter an Schulter auf solchen einfachsten Hockern saßen, zehn Stunden pro Tag, sechs Tage die Woche, hatte ich nicht erwartet.

Musste eine von ihnen austreten, stellten Springer sicher, dass sich in der eng getakteten Abfolge der extrem kleinteiligen, teilweise nur eine Sekunde dauernden und unfassbar eintönigen Handgriffe keine Verzögerungen ergaben. Auf meine Frage, warum man die

Arbeit nicht durch größere Verantwortlichkeit für einen kompletten Arbeitsabschnitt interessanter gestalte, kam die klare Antwort: Es handele sich um einfachste Arbeit, die keine formale berufliche Qualifizierung erfordere und nach kurzer Unterweisung leistbar sei.

Eine Gruppe von etwa hundert Menschen wartete vor einem Werktor und damit auf die Chance, dort einen Arbeitsplatz zu ergattern. Denn damals galt nur eine Devise: Wer nicht spurt, der fliegt. Willigen Nachschub gab es schließlich genug. Dieser furchtbare Existenzdruck aber war den Arbeitern gar nicht anzumerken. Ungelogen: Nie habe ich mehr fröhliche Gesichter in einer Produktion gesehen und nie mehr Plaudern und Lachen beim Schichtwechsel. Was für mich ganz persönlich ein Albtraumjob gewesen wäre, war für diese Menschen eine massive Verbesserung ihrer Lebensumstände.

Während des SARS-Ausbruchs 2003 wurden dann die Produktionsstätten vieler Kunden über Monate abgeschottet. Familienbesuche waren untersagt, die arbeitsfreie Zeit musste auf dem Campus des Werksgeländes verbracht werden. Wer hinaus wollte, der konnte das tun. Eine Rückkehr war allerdings ausgeschlossen. Die Unterstützung der oft weit entfernten Familie war für die Beschäftigten Grund genug, diese Einschränkungen klaglos hinzunehmen.

Die Debatte um höhere Standards

Der Mensch strebt nach Verbesserung und Perfektion. An sich sind höhere Standards immer wünschenswert, egal ob es um Produktqualität oder soziale und ökologische Standards geht. In den letzten Jahren hat die öffentliche Debatte um weltweite Standards bei der Produktion von Gütern massiv an Fahrt aufgenommen. Insbesondere angebliche oder tatsächliche »Hungerlöhne« sind zu einem die Debatte bestimmenden Schlagwort geworden.

Richtig ist natürlich, dass in den allermeisten Ländern der Welt niedrigere soziale und ökologische Standards herrschen als in Deutschland. Solch hohe Standards muss man sich leisten können. In vielen Ländern gibt es aber noch große Armut und die Wege daraus sind extrem komplex – außer in der öffentlichen Debatte. Dort geht es einfach und mehr als holzschnittartig zu.

Die international tätigen Unternehmen sind stets das Feindbild. Ihnen wird etwas überspitzt unterstellt, sie würden die Entwicklungsländer ausbeuten, während sie doch im Alleingang die Welt retten könnten, würden sie nur auf ein paar Euro hier und dort verzichten. Bei diesen Annahmen wird nicht nur der immense Wettbewerbsdruck ausgeblendet, unter dem Unternehmen global stehen. Vor allem zeigt sich ein geringes wirtschaftliches Verständnis davon, wie sich der Wohlstand von Nationen entwickelt.

Hätte es von Anfang an identische Standards gegeben, dann wären sehr viele heutige Schwellenländer immer noch Entwicklungsländer. China als größter Markt der Welt ist vielleicht eine Ausnahme, weil hier schon die schiere Marktgröße für Investitionen spricht. Aber bei Vietnam mit seiner Elektronik- und Textilindustrie oder bei den beiden kleinen Ländern Ungarn und Tschechien mit ihrer Autoindustrie ist der Fall anders gelagert. Dass sich der Lebensstandard in diesen Ländern so massiv erhöht hat, liegt eben genau daran, dass es vorher ein Wohlstandsgefälle gegenüber der westlichen Welt gab. Denn damit eine Produktion in solche Länder verlagert wird, muss es dort Vorteile geben – und das sage ich als Unternehmerin, deren Firma bei einem Auslandsanteil von über 80 % am Umsatz bislang ausschließlich in Deutschland produziert. Solche Vorteile können die Verfügbarkeit von

Arbeitskräften sein, kürzere Lieferzeiten oder bessere rechtliche Rahmenbedingungen. Aber in den meisten Fällen spielt auch das Lohnniveau eine wichtige Rolle.

Daher müssen wir ehrlich sein: Die Konsequenz wirklich identischer Standards wäre de facto ein noch nie gesehener Protektionismus, der die Entwicklung ärmerer Länder massiv hemmen und Armut verfestigen würde. Zum Zweiten müssen wir uns eingestehen, dass die arbeitsteilige Weltwirtschaft eine extreme Wohlstandsmaschine für alle Beteiligte ist. Identische Standards würden die Kosten für westliche Konsumenten stark steigen lassen. Die Folge wäre vermutlich eine neue soziale Frage, wie wir es aktuell bei den Folgen der steigenden Energiepreise diskutieren.

Aus dieser Tatsache sollte man aber im Umkehrschluss nicht den falschen Rückschluss ziehen, dass der breite Wohlstand für so große Teile unserer Gesellschaft auf Menschenrechtsverletzungen und dem Raubbau an der Natur in den Entwicklungsländern beruht, wie es in der Debatte manchmal suggeriert wird.

Dabei will ich nicht die Problematik von Kinderarbeit infrage stellen, wie es aus der Perspektive des Utilitarismus und der libertären Eigentumsethik erfolgt. Diese philosophischen Strömungen argumentieren, dass Kinderarbeit in der konkreten Situation der Familien die für sie am wenigsten schlechte Lösung ist. Denn im Grundsatz verhält es sich doch so: Eltern können mit ihrer Arbeit den Lebensunterhalt der Familie nicht gewährleisten, weshalb Kinder aus der Not heraus zum Lebensunterhalt beitragen müssen. Etwas zugespitzt heißt die Frage also: Soll man Kinderarbeit tatsächlich verbieten, wenn dadurch die Familie zu verhungern droht? Aber lassen wir dieses Argument einmal außen vor und einigen wir uns darauf, dass Kinderarbeit eine klare Menschenrechtsverletzung ist, an der sich deutsche Unternehmen keinesfalls beteiligen sollten.

Es reicht jedoch bei Weitem nicht aus, Kinderarbeit auf dem Papier zu verbieten. Vielmehr müssen Kinder weltweit aktiv vor Ausbeutung geschützt werden. Dies gelingt nur, indem in einen fairen Arbeitsmarkt für die erwachsene Bevölkerung, in soziale Sicherungssysteme sowie natürlich in Bildung investiert wird, sodass Schulbildung und nicht Erwerbsarbeit den Alltag der Kinder bestimmen kann.

Nun sind bei Kinderarbeit die Kriterien relativ klar, wann Verstöße vorliegen. Bei anderen Menschenrechten ist die Situation deutlich komplexer und hier ist auch nicht jeder niedrigere Sozialstandard gleich ein politischer Skandal. Wahrscheinlich gibt es in den Lieferketten einiger deutscher Unternehmen noch tatsächliche »Hungerlöhne«. Aber deswegen ist doch nicht jeder geringe Lohn gleich ein Verstoß gegen die Menschenwürde, wie es von NGOs manchmal impliziert wird – tatsächlich gehören die Löhne international tätiger Unternehmen oftmals zu den höchsten, die in einem Land für vergleichbare Tätigkeiten bezahlt werden.

Ähnlich verhält es sich bei dem Thema Umweltschutz. Wenn die Lebensgrundlagen in einer Region durch massive Umweltschäden zerstört werden, dann liegt natürlich eine Menschenrechtsverletzung vor. Aber nur, weil es irgendwo niedrigere Emissionsstandards im Hinblick auf Luft, Wasser oder Lärm gibt, ist es argumentativ einfach weit hergeholt, daraus gleich pauschal Menschenrechtsverletzungen zu konstruieren. So sehr wir uns alle mehr Umweltschutz wünschen: Der Versuch, ihn in der Lieferkettendebatte durch die Hintertür der Menschenrechte durchzusetzen, geht zu weit und überfrachtet eine ohnehin komplexe Diskussion weiter.

Das heißt natürlich nicht, dass wir nichts machen sollen, im Gegenteil. Selbstverständlich soll sich die westliche Gemeinschaft weltweit intensiv für Demokratie und menschliche Freiheiten einsetzen und hier auch Missstände ansprechen, egal wie unbequem das politisch ist. Dabei sollten wir aber unsere Perspektive nicht als absolute Wahrheit setzen und anderen Ländern im Detail vorschreiben, wie sie die sich teilweise widersprechenden Menschenrechte national umzusetzen haben – denn das wäre tatsächlich Kulturimperialismus und eine neue Form der Kolonialisierung.

Hohe soziale und ökologische Standards als Wettbewerbsvorteil?

Häufig wird versucht, aus betriebswirtschaftlicher Perspektive für höhere soziale und ökologische Standards bei der Herstellung von Gütern zu argumentieren. So sei der sich daraus ergebene Wettbewerbsvorteil im Hinblick auf das eigene Image vorteilhaft, weshalb sich höhere Preise erzielen ließen. So schön und wünschenswert dies wäre, die Realität sieht häufig anders aus.

Richtig ist, dass das gesellschaftliche Bewusstsein für höhere ökologische und soziale Standards wächst. Dementsprechend steigt der Anteil der Endverbraucher, die bereit sind, für nachhaltig hergestellte oder regionale Produkte höhere Preise zu bezahlen. In dieser wachsenden Gruppe sind glaubhaft kommunizierbare höhere Standards also tatsächlich ein Wettbewerbsvorteil.

Aber zum einen ist diese Gruppe noch sehr klein und ihr Wachstum nicht unendlich. Und zum anderen gibt es eine große Diskrepanz zwischen denen, die sich in Umfragen für »faire Milchpreise« oder »hohe Tierwohlstandards« aussprechen, sich aber beim Einkaufen doch vom Preis leiten lassen und bei günstigen Sonderangeboten zugreifen. Im *Business-to-Consumer*(B2C)-Bereich sind höhere Standards bei der Masse der Menschen noch ein Wettbewerbsnachteil, da die Bereitschaft gering ist, für einen nicht direkt spürbaren Mehrwert höhere Preise zu zahlen.

Im *Business-to-Business*(B2B)-Bereich finden Kaufentscheidungen objektiver statt, nach klarer festgelegten Leistungskriterien. Höhere Standards bedeuten hier vor allem messbar höhere Qualität oder Nutzen. Zwar ist nicht auszuschließen, dass infolge des gesellschaftlichen Bewusstseinswandels in Zukunft soziale und ökologische Kriterien im Beschaffungsprozess von Unternehmen eine größere Rolle spielen, und sei es aus Gründen der Reputationssteigerung. Aktuell ist dies im B2B-Bereich jedoch noch nicht der Fall. Höhere Standards sind hier also, solange sie nicht quantifizierbar sind, kein Wettbewerbsvorteil, sondern höchstens ein *nice to have* und aufgrund des höheren Preises häufig sogar ein Wettbewerbsnachteil.

Volkswirtschaftlich wird regelmäßig argumentiert, eine Verpflichtung zu höheren sozialen und ökologischen Standards für in Deutschland hergestellte oder verkaufte Produkte würde hierzulande ein *level playing field* schaffen. Im Zuge dessen werden gewisse deutsche Unternehmen aus der Textil- oder Lebensmittelindustrie als Vorreiter herausgehoben, die genau dies auch fordern. Dies zeigt aber zum einen, dass die behaupteten Wettbewerbsvorteile höherer Standards häufig eben doch nicht existieren, sonst bräuchte es keine Forderung nach dieser Regulierung. Zum anderen ist festzuhalten: Mit einer solchen Verpflichtung ließe sich vielleicht wirklich ein *level playing field* in Deutschland herstellen – wenn auch mit den erwähnten problematischen sozialen Konsequenzen dramatisch steigender Verbraucherpreise wie bei einem hohen CO_2-Preis.

Das Entscheidende ist jedoch: Dieses Argument verkennt, wie viele deutsche Unternehmen auf dem Weltmarkt aktiv sind. Viele mittelständische Hidden Champions aus dem Maschinenbau, der Automobil- oder der Chemieindustrie produzieren den Großteil ihrer Produkte in Deutschland, erzielen aber das Gros ihres Umsatzes im Ausland. Für diese Unternehmen ist ein rein europäischer und erst recht ein deutscher Sonderweg mit der Pflicht zu höheren Standards eben kein *level playing field,* sondern ein massiver Wettbewerbsnachteil, der vornehmlich die internationale Konkurrenz freut.

Auch wenn ich das persönlich wenig clever finde, kann sich eine Demokratie mit Mehrheit für einen solchen Sonderweg bei diesem Thema entscheiden. Aber dann würde ich mir doch zumindest die Ehrlichkeit wünschen, die anfallenden Belastungen auch klar zu benennen und nicht so zu tun, als hätte die Masse der Unternehmen die segensreichen Wettbewerbsvorteile nur noch nicht erkannt. Aufrichtig wäre stattdessen zuzugeben, dass solche Politik in letzter Konsequenz Arbeitsplätze hierzulande gefährdet.

Das Abwälzen der Exekutive auf die Wirtschaft

Unter einem praxisfernen Verständnis von Marktmacht haben einflussreiche politische Akteure und kampagnenerprobte NGOs eine öffentliche Meinung erzeugt, die westliche Unternehmen zum Verursacher zahlreicher Menschenrechtsverletzungen weltweit erklärt. Parallel dazu wollen sie die internationale Durchsetzung von Menschrechten nicht nur weitgehend auf die Wirtschaft abwälzen, sondern sie für etwaige Verstöße auch haftbar machen. Dabei entbehrt es nicht großer Ironie, dass ausgerechnet NGOs und jene Parteien, die Outsourcing sonst pauschal kritisch sehen und einen starken Staat fordern, nun die Durchsetzung der Menschenrechte auf die Wirtschaft auslagern.

Unter großem öffentlichem Druck und begleitet von einer häufig ohne Fachkenntnis geführten öffentlichen Diskussion mit viel Polemik und Populismus – als ginge es für oder gegen Menschenrechte, für oder gegen Ausbeutung – wurde in Deutschland 2021 das Lieferkettensorgfaltspflichtengesetz verabschiedet, das 2023 in

Kraft tritt. Das deutsche Gesetz ist, wie viele Gesetze in den letzten Jahren, eher an politischen Kompromissen statt an praktischer Umsetzbarkeit orientiert. Es benutzt bewusst unbestimmte Rechtsbegriffe und verfehlt so das Hauptziel jeder Gesetzgebung: Rechtssicherheit. Aus Sicht des Anwenders ist es also schlecht gemacht.

Die Motive dahinter scheinen klar. Die Befürworter eines möglichst weitgehenden Lieferkettengesetzes hoffen so, Forderungen durchzusetzen, die im politischen Prozess nicht mehrheitsfähig waren. Dies führt typisch deutsch dazu, dass Unternehmen Passagen besonders streng und weitgehend auslegen, um Rechtssicherheit zu erhalten und auf der sicheren Seite zu sein. Gerichte haben dann die Aufgabe, die unbestimmten Rechtsbegriffe auszulegen und füllen im Nachgang regelmäßig den weiten Rahmen der Gesetze. Somit erlangt Rechtswirksamkeit, was im demokratischen Prozess der Gesetzgebung niemals durchsetzbar gewesen wäre.

Noch schlimmer als die vielen unbestimmten Rechtsbegriffe wie »angemessen« oder »substantiiert« ist, wie praxisfern das Gesetz im Detail gestaltet ist. Zu Recht hat der Normenkontrollrat einen fehlenden Praxischeck beklagt. Er wurde aber wie so oft nicht erhört. Tatsächlich wären so viele pragmatische Lösungen möglich gewesen, die dennoch der Stoßrichtung des Gesetzes entsprochen hätten, wie die folgenden neun Beispiele zeigen.

1. Der »eigene Geschäftsbereich«

Das Gesetz verpflichtet die betroffenen Unternehmen, die zahlreichen Risikomanagement-, Kontroll- und Dokumentationsmaßnahmen auch für den sogenannten »eigenen Geschäftsbereich« durchzuführen. So müssen deutsche Unternehmen allen Ernstes nachweisen, dass sie keine Menschenrechtsverletzungen an ihren Mitarbeitern in Deutschland begehen!

Mal ehrlich: Deutschland steht nun wirklich nicht im Verdacht, ein Land von Menschenrechtsverletzungen zu sein. Und selbst falls dies irgendwo doch der Fall wäre: Es wäre bereits heute gesetzeswidrig. Ein neues Gesetz braucht es daher nicht. Und mit den Aufsichtsbehörden, den Arbeitsgerichten und dem Bundesverfassungsgericht gibt es mehr als genug Kontrollinstanzen, die unsere höchsten Standards auch durchsetzen. Der Einbezug des eigenen Geschäftsbereichs ist einer der schlimmsten Fälle von völlig unnötiger Bürokratie, der mir in 30 Jahren Managementtätigkeit untergekommen ist.

2. Fehlendes Länder-Whitelisting

Ähnlich unsinnig ist, dass alle Produkte und Dienstleistungen aus Ländern mit vergleichbar hohen Menschenrechtsstandards nicht ausgeklammert sind. Menschenrechtsverletzungen in anderen EU-Staaten sind genauso gesetzeswidrig wie in Deutschland. Auch dort gibt es mächtige Kontrollinstanzen, sollte es doch vereinzelte Verstöße geben. Daher ist der Einbezug solcher Länder pure Bürokratie, die nichts an den wirklich problematischen Bereichen in den Entwicklungsländern verbessert. Mindestens die EU- und EFTA-Staaten sowie Japan, Korea, Kanada und Australien gehören auf eine solche Positivliste, um einige nicht abschließende Beispiele zu nennen.

3. Fehlende »Human-Rights-Negativ-Liste«

Statt einem Länder-Whitelisting wäre alternativ auch eine sogenannte Human-Rights-Negativ-Liste vorstellbar. Diese Liste würde bekannte Menschenrechtsverletzer enthalten, mit denen keine Geschäfte gemacht werden dürfen. Der manuelle oder automatisierte

Abgleich mit dieser Liste wäre zwar ebenfalls Bürokratie. Aber angesichts der bereits bestehenden 46 (!) EU-Sanktionsvorschriften, wie der Zentralverband Elektrotechnik- und Elektronikindustrie (ZVEI) nachgezählt hat, würde das auch nicht weiter ins Gewicht fallen. Nur wäre der Staat hier selbst in der Verantwortung, etwaige Vorwürfe und Unternehmen zu überprüfen, und würde schnell feststellen, wie riesig der Kontrollaufwand im Detail ist und wie schwierig es ist, dies alles rechtssicher umzusetzen, um nicht zu sagen: unmöglich.

4. Fehlende Bagatellgrenzen für Kleinstlieferanten

Je größer der Anteil am Umsatz eines Zulieferers ist, desto wichtiger ist man für ihn – desto mehr Informationen erhält man von ihm und desto mehr kann man auf seine Standards und Prozesse einwirken. Umgekehrt heißt das natürlich auch: Je kleiner der eigene Umsatzanteil ist, desto weniger geht der Lieferant auf geforderte Anliegen und Wünsche ein, ganz egal, ob es um Produkteigenschaften oder Dokumentationen geht.

Allerdings sind Kleinstlieferanten unverzichtbar, ihre Bedeutung kann kaum überschätzt werden. DELO als typischer Hidden Champion entwickelt Hightech-Klebstoffe vornehmlich für die Automobil- und Unterhaltungselektronik und erwirtschaftet einen Umsatz von 170 Millionen Euro. 3000 Firmen weltweit sind als direkte Lieferanten gelistet (Tier 1). Beim kleinsten Fünftel der aktiven Lieferanten kaufen wir für 60 000 Euro ein – und zwar insgesamt, nicht pro Zulieferer. Von diesen Kleinstlieferanten beziehen wir typischerweise Ersatzteile für die Instandhaltung der Produktion oder speziellste Fachinformationen.

Ohne eine Vernachlässigung solcher Zulieferer im Rahmen eines Risikomanagements, was rechtlich eine Grauzone mit Risiko bei uns wäre, stünden ein paar Hundert Euro Einkaufswert einem immensen bürokratischen Aufwand für Risikoanalyse und -management gegenüber – und Gesamtkosten von mehreren Tausend Euro im Falle eines Audits, falls der Lieferant überhaupt mitspielt und nicht dankend abwinkt. In diesem Kontext sei an die völlig realitätsferne Kostenschätzung der EU-Kommission erinnert, nach der ein Lieferkettengesetz die Unternehmen 0,01 % ihres Umsatzes kosten würde. Für einen solchen Betrag kann man bei DELO ein ordentliches Audit durchführen, aber keinesfalls ein solches Gesetz umsetzen.

Man könnte höchstens zynisch einwenden, dass so viele Audits gar nicht möglich sind. Angenommen, wir beziehen ein chemisches Vorprodukt für einen fünfstelligen Betrag jährlich, wie es häufig vorkommt. Einen Fragebogen füllt uns ein solcher Hersteller oder sein Händler vielleicht noch aus. Aber für die meisten Lieferanten chemischer Produkte sind wir zu klein, sodass sie uns keine tiefer gehenden Einblicke in ihre Produktionsabläufe gewähren und auch Audits verweigern. In Berlin mag man sich das nicht vorstellen können, aber in unserer Einkaufsabteilung stapeln sich solche Auditabsagen.

Kleine Umsätze tragen keine Kosten für Audits. Bagatellgrenzen für Kleinstlieferanten wären daher eine pragmatische, rechtssichere Lösung und würden erlauben, den Fokus auf die wirklich problematischen Bereiche zu lenken.

5. Asymmetrische Machtposition

Im Gesetz ebenfalls unberücksichtigt bleiben asymmetrische Machtbeziehungen in Single-Source-Beziehungen, insbesondere im Mittelstand. Aus Unternehmenssicht sind mehrere Zulieferer für ein Vorprodukt wünschenswert. Zum einen kann dies Vorteile in der Preisgestaltung durch Wettbewerb bieten, zum anderen – und entscheidender – erhöht dies die Liefersicherheit deutlich, etwa falls es bei einem Zulieferer zu Produktionsproblemen kommt.

Tatsächlich gibt es für unsere Rohstoffe häufig nur einen einzigen Zulieferer weltweit. Dies kann sein, weil der fragliche Rohstoff so speziell ist oder andere Zulieferer unsere Reinheitsanforderungen nicht erfüllen. Solche Lieferanten leisten regelmäßig einen Beitrag zur großen Innovationshöhe neuer Produkte. Die Vorstellung eines mächtigen Kunden und eines Lieferanten, der praktisch allen Forderungen nachkommen muss, führt hier völlig in die Irre, vor allem, da die Lieferanten typischerweise wissen, dass ihre Kunden über keine Alternative verfügen.

Angenommen, ein solcher Lieferant verstieße zum Beispiel gegen das Recht der Gewerkschaftsbildung: Welche reelle Möglichkeit hätte hier ein Kunde, erst recht einer mit mittelstandstypischem Umsatzvolumen, einen solchen Verstoß zu erkennen? Praktisch keine.

6. Beschränkung auf »Inverkehrbringen«

Als Klebstoffhersteller sind wir für unsere Produkte zuständig und stehen selbstverständlich dafür gerade. Das Gesetz beschränkt sich aber nicht auf Produkte oder Dienstleistungen, die das Unternehmen selbst in Verkehr bringt. Stattdessen umfasst es ausnahmslos alle Aktivitäten des Geschäftsbetriebs, zum Beispiel auch das Büromaterial, den Kaffee in der Kaffeeküche oder den Kantinenbetrieb. Denkt man diese Art Generalklausel konsequent zu Ende, dürfte kein Unternehmen mehr Handys oder PCs nutzen. Schließlich enthalten sie Seltene Erden, deren Abbau – leider! – oft problematisch ist und bei denen man nicht sicher ausschließen kann, dass dies auch bei den Erzen für die eigenen Geräte der Fall ist. Oder ist dies noch keine »substantiierte Kenntnis« und ich darf mich hier auf die Zusagen meines direkten Lieferanten verlassen?

Zusätzlich absurd ist, dass die Hersteller oder Lieferanten von solchen Hilfsprodukten wie PCs oder Kaffee häufig bereits selbst unter das Gesetz fallen. Mit dem Kerngeschäft des eigenen Unternehmens und dem, worum es den Befürwortern initial ging – Näherinnen in Bangladesch für die deutsche Modeindustrie etwa –, hat das alles nichts mehr zu tun.

7. Fokus auf Problembranchen

Die öffentliche Diskussion um die unternehmerischen Sorgfaltspflichten kreist immer wieder um die Modeindustrie, den Mineralienabbau und bestimmte Nahrungsmittel wie Kaffee oder Kakao. Statt einen solch überambitionierten Versuch wie das deutsche Lieferkettengesetz zu unternehmen, wäre doch die viel naheliegendere Lösung gewesen: Mit diesen zum Teil wirklich problematischen Branchen zu beginnen, aus diesen Erfahrungen zu lernen und die Regulierung erst danach und sofern erforderlich auf weitere Branchen oder die gesamte Wirtschaft zu übertragen. Das Verbot der Leiharbeit in der Fleischindustrie hat ja gezeigt, dass branchenspezifische Gesetze verfassungsrechtlich möglich sind. Von problematischen Bereichen in einzelnen Branchen auf alle Brachen zu schließen, belastet die große Masse der ordnungsgemäß arbeitenden Unternehmen in Form überbordender Bürokratie – ohne dass deren Zulieferer auch nur ein Menschenrecht verletzen.

8. Branchenstandards oder Zertifizierungsstrukturen

Zertifizierungen wie die Qualitätsmanagement-Norm ISO:9001 verursachen zwar viele Kosten und einen hohen Aufwand. Anderseits stehen sie auch für etablierte Standards, höchste Professionalität und bringen Unternehmen voran, die diese Zertifizierung neu einführen. Leider hat die Politik nicht versucht, bestehende Zertifizierungsstrukturen oder Brancheninitiativen im Rahmen des Gesetzes zu berücksichtigen. Sie hat auch nicht zu einem internationalen Standard beigetragen oder dazu, Zertifizierungsstrukturen in relevanten Zulieferländern politisch durchzusetzen.

9. Beschränkung auf Tier 1

Die Befürworter des Gesetzes konnten sich in Deutschland – zum Glück – nicht damit durchsetzen, die komplette Lieferkette zu kontrollieren. So praxisfern diese Forderung auch ist, alle vorgelagerten Stufen zu prüfen, könnte die EU-Gesetzgebung am Ende durchaus anders aussehen. Hier laufen aktuell noch die Verhandlungen. Erfahrungsgemäß ist zu vermuten, dass der »Musterschüler Deutschland« eine verschärfte EU-Regulierung auch noch besonders gewissenhaft umsetzen wird.

Ohne Fokus auf Tier 1 müssten alle Unternehmen pauschal alle Stufen davor überprüfen. Bei mehreren Stufen würde das erste Glied jedes Mal für dasselbe Endprodukt neu geprüft. Ohne einen allgemein akzeptierten Standard wie etwa ISO:9001 oder ISO:14001, der in der Lieferkette »durchgereicht« werden könnte, würde es zu aufwendigsten und unnötigen Mehrfachzertifizierungen kommen.

Ganz abgesehen von diesem extremen Aufwand umfassen auch Lieferketten für Produkte mit überschaubarer Komplexität Hunderte Lieferanten auf allen Vorstufen. Selbst bei Mikrowellen gibt es zwölfstufige Lieferketten, wie der ZVEI geschildert hat. Vom Mikrowellengenerator aus Italien (Tier 1) geht das über die versilberten Steckverbinder aus Vietnam (Tier 7) bis zum Silbererz aus einer Mine in Indien (Tier 12).

Die Forderung, alle Vorstufen zu berücksichtigen, ist nicht nur wegen dieser extremen Komplexität absurd. Sie ist von Unternehmen auch gar nicht durchsetzbar. DELO etwa gibt auch den größten Unterhaltungselektronikherstellern der Welt keine genauen Auskünfte zu den Rezepturen unserer Klebstoffe. Im Zweifel verzichten wir hier kurzfristig auf Umsatz, um langfristig unser Know-how zu schützen. Je nach Ausgestaltung würde eine gesetzliche Auskunftspflicht einen massiven Nachteil für innovative Unternehmen bedeuten oder sogar einen Angriff auf ihre »Kronjuwelen« ermöglichen, nämlich die schützenswerten Innovationen.

Der Staat stiehlt sich aus der Verantwortung

Allerdings sprechen nicht nur diese neun Gründe und noch zahlreiche weitere nicht zur Sprache gekommene Argumente gegen diese Art von Lieferkettengesetz. Auch aus ganz prinzipiellen Erwägungen muss man zumindest Fragezeichen bei dem gewählten Ansatz haben, Unternehmen die Durchsetzung von Menschenrechten so weitgehend zu übertragen.

Viel naheliegender wäre doch, zunächst die internationale Staatengemeinschaft in den Blick zu nehmen. Denn fast alle Länder weltweit haben Menschenrechte explizit in ihren Verfassungen verankert. Daneben gibt es auf internationaler Ebene die Allgemeine Erklärung der Menschenrechte der Vereinten Nationen sowie zahlreiche, von den meisten Staaten ratifizierte internationale Chartas und Konventionen und sogar internationale Gerichtshöfe, die das Einhalten der Menschenrechte kontrollieren.

All diese Konventionen sind ein Ergebnis internationaler Verhandlungen, ja schon die Menschenrechte selbst sind das Ergebnis poltisch-philosophischer Betrachtungen. Ihre Durchsetzung ist eine originär politisch-rechtliche Aufgabe, die im Kern nur der Staat übernehmen kann.

Auch die Konkretisierung dieser sehr abstrakten Konventionen – also zum Beispiel, was denn »Hungerlöhne« genau sind – sollten nicht Unternehmen übernehmen müssen. Schließlich ist dies ebenfalls eine politische Frage, die jedes Land gemäß seines Entwicklungsstands und seiner Möglichkeiten selbst beantworten muss.

Nun wäre es sicher falsch, Unternehmen beim Thema Menschenrechte völlig auszunehmen. Aber es gibt hier einfach Grenzen des praktisch Machbaren. Zu suggerieren, ein größerer Mittelständler mit tausend Mitarbeitern könnte Menschenrechte exterritorial und in weit vorgelagerten Zulieferstufen durchsetzen und damit erreichen, was selbst die Regierungen der einflussreichsten und angesehensten Länder der Welt inklusive der ganzen EU nicht schaffen, ist eine Illusion.

Wenn in China die Gründung freier Gewerkschaften nicht erlaubt ist, inwieweit ist es dann sinnvoll und realistisch, einen Autohersteller für den Schutz der Gewerkschaftsrechte in chinesischen Produktionsstandorten in Verantwortung zu nehmen? Unternehmen haben nicht die gleiche Handhabe und nicht die gleichen Kompetenzen wie ein Staat, die Menschenrechte zu verteidigen, insbesondere da das Argument der Nachfragemacht häufig ein Scheinargument ist.

Statt dafür zu sorgen, dass international vereinbarte Abkommen auch von den Unterzeichnerstaaten durchgesetzt werden, lenkte die letzte Bundesregierung von ihren fehlenden Erfolgen in diesem Bereich ab und überfrachtete die Unternehmen mit etwas, das sie gar nicht leisten können.

Wohlstandsbringer für Entwicklungsländer

Besonders frappierend an der Lieferkettendiskussion ist, wie sich das Framing der Aktivisten und der Befürworter aus der Politik durchgesetzt hat. International tätige westliche Unternehmen gelten in der Öffentlichkeit nicht als Wohlstandsmaschinen und Entwicklungshelfer. Stattdessen schwingt in großen Teilen von Politik und Medien weiter das Narrativ der angeblichen Ausbeutung durch »Hungerlöhne« mit. Angesichts solch verkürzter und undifferenzierter Darstellungen überrascht es auch nicht, dass in Umfragen 75 % der Bevölkerung ein Lieferkettengesetz befürworten.

Ein solches oberflächliches Meinungsbild ist aber keine sinnvolle Legitimationsbasis für ein Gesetz, sondern ein Ergebnis der fehlenden Kenntnis über die verpönte, aber segensreiche arbeitsteilige internationale Zusammenarbeit. Statt ein Placebo-Gesetz wie das Lieferkettengesetz auf den Weg zu bringen, hätte sich eine verantwortungsbewusste Regierung auch dem harten Gegenwind der öffentlichen Meinung stellen und für eine andere Perspektive werben können.

Harte Fakten zu Armut und Wohlstand in der Welt

Denn ein Blick auf objektive Zahlen täte der ganzen Diskussion sehr gut, und die sind ziemlich eindeutig. So hat sich die extreme Armut in der Welt in den letzten 30 Jahren ganz massiv verringert. Lebten 1990 noch 1,9 Milliarden Menschen in extremer Armut – nach der allgemein akzeptierten Definition 1,9 USD-Einkommen pro Tag, Kaufkraftparität, inflationsadjustiert – war es 2018 mit 650 Millionen Menschen nur noch ein Drittel davon.

Da gleichzeitig die Weltbevölkerung um etwa die Hälfte gewachsen ist, sank der Anteil der Menschen in extremer Armut in diesem Zeitraum von 36 % (1990) auf 8 % (2018). Natürlich sind das immer noch 650 Millionen Menschen zu viel und natürlich gibt es auch Armut jenseits »extremer Armut«. Dies darf aber keinesfalls über die außergewöhnliche Erfolgsgeschichte der Globalisierung hinwegtäuschen – auch, und gerade im Hinblick auf die Entwicklungsländer.

Dies wird noch offensichtlicher, wenn man die Regionen genauer betrachtet. So ist die extreme Armut in Asien in gerade einer Generation drastisch gesunken und natürlich ist dies auch keine zufällige Koinzidenz mit der seit den 1990ern besonders in dieser Region massiv verstärkten Globalisierung. Dadurch ist extrem viel Arbeitsleistung in Asien und damit viele besser bezahlte Jobs außerhalb der Landwirtschaft entstanden. Selbst das oft für seine Löhne geschmähte Bangladesch hat beim BIP pro Kopf inzwischen den großen Nachbarn Indien überholt. Auch hier tut Ehrlichkeit not: Trotz aller bestehender Probleme – dieser große Erfolg liegt ganz besonders an der dortigen Textil- und Modeindustrie.

Im Gegensatz dazu hat sich bei der Armutsbekämpfung in Subsahara-Afrika seit 1990 kaum etwas getan, auf den ersten Blick zumindest. Die Zahl der Menschen in extremer Armut ist in dieser Zeit sogar von etwa 300 Millionen auf über 400 Millionen gewachsen, und die Weltbank geht in ihrer Projektion davon aus, dass sich daran bis 2030 nichts ändern wird. Diese Zahl wird aber durch das große Bevölkerungswachstum verzerrt, denn hinter diesem Anstieg verbirgt sich ein gewisser Erfolg. So ist der Anteil der Menschen in extremer Armut während dieser Zeit von etwa 55 % auf 40 % gefallen.

Jedoch ist es auch hier kein Zufall, dass diese wenig zufriedenstellende Entwicklung mit der ausgebliebenen Globalisierung in diesem Teil der Welt einhergeht. Angesichts der mangelnden Infrastruktur, des niedrigen Bildungsniveaus, großer kultureller Unterschiede sowie wegen grassierender Korruption und fehlender Rechts- und Investitionssicherheit gibt es mit Ausnahme Südafrikas dort nur wenige größere Fertigungsstandorte von westlichen Unternehmen oder deren Auftragsfertigern.

Menschen in extremer Armut (Prognose bis 2030)

1,9 Milliarden Menschen lebten 1990 in absoluter Armut (36 % der Weltbevölkerung)

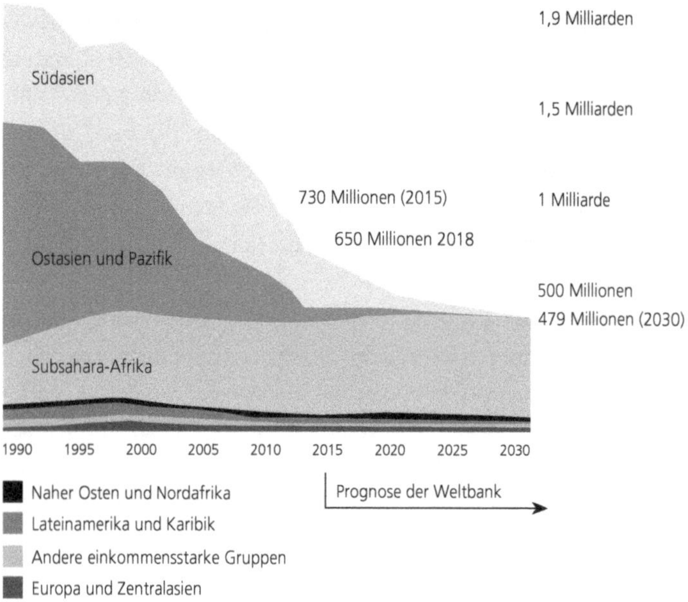

1,9 Milliarden

Südasien

1,5 Milliarden

730 Millionen (2015)

1 Milliarde

650 Millionen 2018

Ostasien und Pazifik

500 Millionen
479 Millionen (2030)

Subsahara-Afrika

1990   1995   2000   2005   2010   2015   2020   2025   2030

■ Naher Osten und Nordafrika

Prognose der Weltbank

■ Lateinamerika und Karibik

□ Andere einkommensstarke Gruppen

■ Europa und Zentralasien

Quelle: World Bank, The Number of People in Extreme Poverty – Including Projections to 2030, https://ourworldindata.org/extreme-poverty#:~:text=In%20fact%2C%20the%20big%20success,about%20650%20million%20in%202018 (abgerufen 22.2.2022).

Nun ist Wohlstand im Hinblick auf wichtige menschliche Freiheiten natürlich noch lange nicht alles. Aber ohne einen zumindest bescheidenen Wohlstand ist alles andere nichts. Keines der drei diskutierten Steuerungsinstrumente – Recht, Politik und Markt – ist perfekt, jedes hat Grenzen und Nachteile. Besonders offensichtlich ist jedoch, dass sich nicht alle gesellschaftlichen Probleme und Defizite mit Gesetzen und politischen Abkommen verhindern lassen, erst recht nicht solche im Ausland. Im Gegensatz dazu hat der Markt einen klaren *track record* und die bislang spürbarsten Fortschritte beim Bekämpfen der Armut in der Welt gebracht.

Viele gesellschaftlichen Gruppen tun sich schwer damit, das anzuerkennen. Auch wenn dies der eigenen Weltanschauung widerspricht, wäre das aber realistischer und ehrlicher als aktionistische Symbolpolitik wie das deutsche Lieferkettengesetz. Und wenn wir beim Sich-Ehrlich-Machen sind: Es wird auch künftig akzeptable Unterschiede bei sozialen und ökologischen Standards geben und auch geben müssen. Wir müssen uns hier auf den Weg machen, hinschauen und Besseres verlangen. Aber es geht nicht alles und nicht alles sofort. Jedes Land muss seine Geschwindigkeit festlegen, und das ist wichtig: Es ist jedes Land, das für sich selbst entscheiden muss, und nicht Deutschland oder die EU für den Rest der Welt!

Auch hier hat Asien gezeigt, wie das richtig geht: Sehr vielen Regierungen in Ost- und Südostasien ist es äußerst erfolgreich gelungen, die Marktkräfte geschickt im eigenen Interesse zu nutzen. Mit ihren Wettbewerbsvorteilen haben sie internationale Unternehmen angelockt, eigene Unternehmen aufgebaut und den Wohlstand ihrer Bevölkerungen spürbar gesteigert. Gleichzeitig haben sie sehr viel in Bildung investiert und hier in einer Generation enorm viel erreicht. Damit konnten sie es sich leisten, Arbeits-, Sozial und Umweltstandards aller Art *peu à peu* anzuheben, ohne das Erreichte zu gefährden – nicht zuletzt mit Unterstützung der »Entwicklungshilfe« westlicher Unternehmen, zum Beispiel in Form deutscher Arbeitsschutzstandards oder der Einführung eines dualen Ausbildungssystems, wie es größere Mittelständler eigenverantwortlich in China etabliert haben.

Epilog

Shanghai heute ist für mich die modernste Stadt der Welt. Die Infrastruktur ist nagelneu, bei jedem Besuch gibt es neue U-Bahn-Stationen. Wo früher rostige Industriebrachen waren, gibt es heute auch grüne Inseln. Mit extrem viel zeitgenössischer Architektur ist es eine sehr globale Stadt, die gleichzeitig ihren nationalen Charakter bewahrt hat.

Situationen wie die zu Anfang beschriebene Hockerszene sind heute selten geworden und ich würde behaupten: In Produktionsstätten westlicher Unternehmen oder ihrer Auftragsfertiger gibt es sie gar nicht mehr. Auch reine Lohnkostenvorteile sind für viele Unternehmen schon lange kein Grund mehr, in China aktiv zu sein. Stattdessen gibt es auch in China in vielen Berufen einen *war for talents*. Bei DELO müssen wir in China genauso hart wie in Deutschland kämpfen, die klügsten Köpfe für uns zu gewinnen. Auch was Gehälter angeht, sind beide Länder inzwischen auf einem vergleichbaren Level. Es gibt praktisch identische Arbeitsstandards, ganz ohne irgendwelche Gesetze mit schweren Nebenwirkungen in Form von ausufernder Bürokratie.

Bei allen unterschiedlichen Vorstellungen zu politischer Freiheit und Demokratie muss man festhalten: Was den Wohlstand seiner Bevölkerung angeht, hat sich China in den vergangenen

30 Jahren so rasant entwickelt wie noch keine Gesellschaft in der Menschheitsgeschichte. Viele andere Länder in Asien und Afrika sind noch nicht so weit. Sie bei ihrer Integration in die prosperierende Weltwirtschaft zu unterstützen und ihnen zu helfen, dabei die ökologischen Folgen zu minimieren – das wäre in meinen Augen eine wirklich nachhaltige Entwicklungspolitik.

Schlusswort – was bedeutet verantwortungsvolle Koexistenz?

VON SIEGFRIED RUSSWURM UND JOACHIM LANG

Der Erfolg der deutschen Wirtschaft ist undenkbar ohne die Nutzung von Effizienzvorteilen aus globalen Lieferketten und Auslandsinvestitionen. Diese Effizienzvorteile schaffen jedoch Interdependenzen, wodurch Vorgänge in anderen Teilen der Welt direkten Einfluss auf unternehmerische Verantwortung nehmen. Diese Verantwortung ist im Grundgesetzartikel 14, Absatz 2 klar definiert. Demnach verpflichtet Eigentum dazu, dieses zum Wohle der Allgemeinheit einzusetzen. So richtig und einleuchtend das Gesetz auch ist, so herausfordernd wird dessen Einhaltung im Kontext unternehmerischer Aktivitäten in demokratisch defizitären und autokratischen Ländern. Diese Herausforderung definiert sich auch historisch immer wieder neu.

Während des Kalten Krieges agierte die westdeutsche Wirtschaft im Wesentlichen innerhalb der politischen Grenzen des internationalen Blocks, zu dem die Bundesrepublik gehörte. Es war ein vornehmlich »westlicher« Block geteilter Werte, innerhalb dessen sich die Verantwortungsfrage nicht akut stellte. Dennoch war in einigen Märkten die Frage der Mitverantwortung nicht einfach zu beantworten. Dazu gehörte beispielsweise das Südafrika-Engagement der deutschen Industrie im von der Apartheit geprägten Südafrika der 1970er und -80er Jahre. Bundesregierung und deutsche Industrie entwickelten gemeinsam einen Südafrika-Kodex mit einer jährlichen Berichtspflicht. Ziel war es, die Unternehmen anzuhalten, mit ihrem Engagement im Land einen Beitrag zur Überwindung der Apartheit zu leisten. Auch in den menschenverachtenden Diktaturen Lateinamerikas, allen voran die größeren Märkte Argentinien und Chile, die beide dem »westlichen Lager« zugerechnet wurden, waren deutsche Unternehmen in den 1960er und -70er Jahren aktiv. In vielen Fällen waren die Regierungen oder staatliche Unternehmen die Kunden deutscher Firmen.

Der wirtschaftliche Austausch mit Autokratien des »Ostblocks« war geprägt vom Ziel »Wandel durch Handel«. Damit wurde dieses Engagement in ein gesamtgesellschaftliches Interesse eingebunden. Der Fall des Eisernen Vorhangs war auf den ersten Blick eine Bestätigung des Erfolgs einer solchen Strategie und beflügelte diese zusätzlich. Nach dem Sieg des freien Marktes schien das »Ende der Geschichte« eingeläutet, gab es mit der liberalen Demokratie und ihrer freien Marktwirtschaft doch augenscheinlich nur noch ein akzeptiertes System. Noch unproblematischer als zuvor konnten deutsche Unternehmen ihre Aktivitäten globalisieren mit dem Verweis, als Speerspitze der Freiheit in den verbliebenen Autokratien Arbeitsplätze und -standards zu etablieren, die liberale Ansprüche innerhalb der lokalen Bevölkerung generierten und irgendwann auch den letzten Diktator zu Fall bringen würden.

Diese Hoffnung hat sich als Trugschluss erwiesen – spätestens seit dem völkerrechtswidrigen Angriffskrieg Russlands gegen den souveränen und demokratischen Staat Ukraine. Doch lange zuvor schon hatte insbesondere Chinas staatlich gelenkte Hybridwirtschaft den Startschuss für einen neuen Systemwettbewerb gegeben. Anders als im Kalten Krieg oder im Falle von Putins Russland haben wir es bei China mit einem Konkurrenten, Wettbewerber und Kooperationspartner zu tun, der durch seinen bisherigen Erfolg auch international Anerkennung erhält und damit Autokraten sowie illiberalen Demokraten als Vorbild dienen kann. Anders als die zum Scheitern verurteilte sowjetische Planwirtschaft verspricht das chinesische System Effizienzgewinne gegenüber komplexen demokratischen Prozessen, wenn auch auf Kosten von Freiheit und Umwelt.

An dieser historischen Wegscheide, an der Autokraten den Liberalismus durch Waffengewalt einerseits oder durch systemische Gegenentwürfe andererseits herausfordern, stellt sich auch erneut die Frage nach der internationalen gesellschaftlichen Verantwortung von Unternehmen. Genügt der unternehmerische Beitrag zu Wirtschaftswachstum, Arbeitsplätzen und Gewinnmaximierung von Anlegern der gesetzlichen Allgemeinwohlverpflichtung? Die Antwort scheint aufgrund immer komplexerer globaler Entwicklungen negativ auszufallen. Neue Anforderungen von Politik, Konsumenten, Mitarbeitern und der Finanzwirtschaft sowie die realen Auswirkungen von Kriegstreiberei oder des Klimawandels zwingen Unternehmen dazu, neben traditionellen Grundlagen für Entscheidungen zu Investitionen, Lieferanten und Absatzmärkten neue externe Faktoren einzupreisen, die über kurzfristige Geschäftsinteressen und Gewinnerwartungen hinausgehen.

Dabei ist eins klar: Deutsche Unternehmen können sich nicht aus allen Autokratien oder demokratisch defizitären Ländern zurückziehen, in denen sie tätig sind. Das ist weder im Interesse Deutschlands noch im Interesse der Menschen in diesen Ländern, die vom deutschen Engagement profitieren. Deutsche Unternehmen sind überaus gefragte Arbeitgeber. Dennoch verkennt der schlichte Verweis darauf, dass internationale politische Fragen politisch zu klären sind und nicht in die Verantwortung von Wirtschaftsvertretern gelegt werden können, die Realität. Zum einen sind Unternehmen fundamentaler Bestandteil der Gesellschaft und tragen verfassungsmäßige Verantwortung für die Menschen in ihrem Wirkungsbereich. Zum anderen müssen Unternehmerinnen und Unternehmer, die Problemlösungen allein der Politik über-lassen, damit rechnen, dass die so angerufene Politik ihrem wirtschaftlichen Handeln engere Fesseln anlegt. Denn klar ist auch: Wirtschaft ist und bleibt die gesellschaftliche Triebfeder und damit das größte politische Druckmittel. Diplomatie ohne wirtschaft-liche Anreize oder Abschreckung hat noch kein Problem gelöst. Im Falle des russischen Angriffskrieges etwa waren Sanktionen unver-meidbar und notwendig. Ein strategischeres und risikobewussteres Russland-Engagement hätte die Folgen dieser harten Einschnitte von vornherein reduziert. Auf lange Sicht muss die deutsche In-dustrie also ihre Interdependenz mit Russland überdenken – wie auch die Exposition zu anderen autokratischen Regimen. Wenn die Wirtschaft der Politik allein das Handeln überlässt, anstatt die Koexistenz mit Autokratien verantwortlich und vorausschauend mitzugestalten, dann fallen auch ihre Beschwerden über politische Maßnahmen wie etwa das Lieferkettengesetz zu Recht auf taube Ohren.

Zwar haben sich Unternehmen an die Gesetze und Be-stimmungen zu halten, die in den Ländern gelten, in denen sie aktiv sind, doch selbstverständlich agieren sie längst auch auf Grundlage eigener anspruchsvoller Richtlinien zu unternehmerischer sozialer Verantwortung, die zum Beispiel Kinder- und Zwangsarbeit aus-schließen. Viele haben sich in freiwilligen Initiativen wie dem *UN Global Compact* zur Umsetzung universeller Nachhaltigkeitsgrund-sätze verpflichtet. Dennoch lassen sich Einzelfälle zitieren, in denen renommierte Konzerne gegen Selbstverpflichtungen verstoßen und damit das Vertrauen von Politik und Gesellschaft in die Wirtschaft insgesamt verspielt haben. Zum Erhalt von Glaubwürdigkeit müssen daher insbesondere dann Grenzen gezogen werden, wenn lokale Gesetze und Gepflogenheiten im Widerspruch zu heimischen europäischen Normen und Werten stehen. Dementsprechend ist deutschen Unternehmerinnen und Unternehmern zu raten, individuelle, aber universell nachvollziehbare rote Linien mit Blick auf Verstöße gegen Menschenrechte und Raubbau an der Natur zu formulieren und zu implementieren, deren Überschreiten – einem Gesetz gleich – automatisch sanktioniert wird, insbesondere wenn die Gefahr besteht, dass deutsche Unternehmen mit ihrer Geschäftstätigkeit vor Ort eine direkte oder indirekte Verwicklung in diese Verstöße nicht ausschließen können.

Nicht immer sind die ethisch-moralischen Abwägungen allerdings so klar zu treffen wie im Falle der jüngsten russischen Kriegsverbrechen. Eine allgemeingültige Definition solcher roten Linien fällt schwer, da die Realitäten im Einzelfall hochkomplex sind. Generell sollte jedoch klar sein, dass unternehmerische Aktivitäten eingestellt werden, wenn etwa die direkte Belieferung sowie die Produktionsprozesse vor Ort nicht menschenrechtskonform sind. In diesen Fällen sollten Unternehmen die freie Entscheidung treffen, sich aus einer Region oder einem Land zurückzuziehen – nicht in vorauseilendem Gehorsam, sondern aus Interesse an der Wahrung von Integrität, Glaubwürdigkeit, Image und aus purem Eigeninteresse, denn sozialer Friede und ökologische Nachhaltigkeit sind die besten Voraussetzungen für wirtschaftlichen Erfolg.

Wenn Unternehmen sich in diesen Fällen gegen einen Rückzug entscheiden, wird ihnen die Entscheidungsfreiheit von Gesellschaft und Politik früher oder später genommen. Mit dem Lieferkettengesetz ist genau dies passiert, da Unternehmen die Politik offenbar nicht überzeugen konnten, dass ihre Selbstverpflichtungen in dieser Hinsicht ausreichen. Die Devise muss lauten: globalen Wandel unternehmerisch ernsthaft mitzugestalten, um nicht von ihm eingeholt zu werden. Diesen Weg zu gehen bedeutet keinen Verlust unternehmerischer Freiheit, sondern er liegt in der freien Entscheidungsgewalt von Unternehmen. Selbstverständlich gibt es hierfür auch historische Präzedenzfälle, die herangezogen werden können. So hat sich die deutsche Wirtschaft beispielsweise mit Blick auf den Umweltschutz von der einstigen Bremserin zu einer Problemlöserin entwickelt, indem sie gemeinsam mit der Politik an Zukunftslösungen arbeitet, statt das Problem zu negieren. Diese Entwicklung wäre auch mit Blick auf den Umgang mit Autokratien wünschenswert.

So muss sich die deutsche Wirtschaft dem politischen Wandel stellen, der innerhalb der EU eine selbstbewusste Vertretung europäischer Interessen und Werte in der Welt bedeutet. Mit eben jener Selbstverständlichkeit, mit der Autokratien und illiberale Demokratien ihre Interessen in der Welt vertreten, wird Europa in Zukunft immer häufiger reziprok antworten. Die Erfahrung hat gezeigt, dass das mantrahafte Einfordern eines *level playing fields* und rechtsstaatlicher Prinzipien nicht zum Ziel führt, solange ein unwilliger Verhandlungspartner keine Sanktionierung für sein Nichthandeln zu befürchten hat. Die Schlagkraft liberaler Demokratien weltweit wurde im Falle Russlands entsprechend eindrucks- und wirkungsvoll bewiesen, richtigerweise mit voller Unterstützung der deutschen Industrie. Es gilt auch in Zukunft deutlich zu machen, dass der europäische Binnenmarkt dank seiner Größe und globalen Wirkmacht attraktiv ist und Zugang zu ihm nicht zum Nulltarif zu haben ist. Dabei sind die Kosten für diesen Zugang vergleichsweise gering, haben sich doch alle Staaten auf universelle Regeln und Ziele geeinigt – sei es im Bereich Klimaschutz, Menschenrechte, internationale Ordnung oder Handelsregeln –, deren Umsetzung nun richtigerweise von der EU eingefordert wird und von der Wirtschaft unterstützt werden sollte – aus Verantwortungsbewusstsein und um Wettbewerbsnachteile zu verhindern. Gleichzeitig muss die Politik aber auch an die Notwendigkeit von Pragmatismus erinnert und vor den Gefahren einer wertepolitischen Übersteuerung gewarnt werden. Kompromissbereitschaft und Interessenausgleich sollten immer am Anfang diplomatischer Bemühungen stehen. Wo Kompromisse jedoch nicht möglich sind, sind wirtschaftspolitische Maßnahmen der nächste Schritt.

Auch wenn der hier beschriebene Kurswechsel kurz- bis mittelfristig Einfluss auf unternehmerische Freiheiten haben wird, so liegt er im langfristigen Interesse unserer Wirtschaft, für die es nicht darum gehen kann, so lange in Autokratien zu bleiben, bis sich die protektionistische und wettbewerbsfeindliche Schlinge endgültig zugezogen und Technologietransfer zum Verlust von Wettbewerbsvorteilen geführt hat. Hier sind insbesondere kleine und mittelständische Unternehmen, die weniger Zugang zu Autokraten haben und damit weniger Verhandlungsspielraum, auf die Solidarität großer deutscher Konzerne angewiesen.

Unternehmen können ihre Entscheidungsgewalt im 21. Jahrhundert also nur dann bewahren, wenn sie den sich derzeit vollziehenden globalen Wandel verantwortungsvoll mitgestalten – ökonomisch, ökologisch und sozial. Mit Blick auf Autokratien heißt dies, deutsche Standards vor Ort zum Wohle der lokalen Bevölkerung, aber auch zur Wahrung des Wohlstands und der Glaubwürdigkeit des Westens, erfolgreich zu etablieren. In Extremfällen, in denen dies durch fundamentale Verstöße gegen das Gemeinwohl nicht möglich ist und Unternehmen sogar in Gefahr geraten, in diese Verstöße verwickelt zu werden, müssen sich Firmen für einen Rückzug entscheiden. Unternehmerinnen und Unternehmer sollten dies jedoch nicht als Behinderung ihrer Entscheidungsfreiheit verstanden wissen, wie es hier und da anklingt. Es handelt sich in diesen Fällen um autonom getroffene unternehmerische Entscheidungen, die der eigenen Glaubwürdigkeit dienen und sich langfristig auf Kosten kurzfristiger Gewinne bezahlt macht.

Unternehmen verlieren aufgrund komplexer Interdependenzen mit Autokratien also nicht ihre Entscheidungsfreiheit, sondern müssen Entscheidungen auf Grundlage immer komplexerer externer Faktoren treffen. Solange sie dies vorausschauend bewerkstelligen und sich ihrer Verantwortung stellen, treffen sie ihre Entscheidungen weiterhin frei. Ohne diese unternehmerische Verantwortung wird ihnen die Entscheidung von einer wachsamen Politik und Gesellschaft abgenommen.

Die Herausgeber

© Christian Kruppa

Siegfried Russwurm, Prof. Dr.-Ing., geboren 1963, ist seit 2021 Präsident des Bundesverbandes der Deutschen Industrie. 1988 schloss er sein Studium der Fertigungstechnik an der Universität Erlangen-Nürnberg als Diplom-Ingenieur ab. 1992 trat er in die Siemens AG ein, zunächst als Produktionsplaner und Projektleiter im Bereich Medizinische Technik, später in diversen Führungsfunktionen im Medizin- und Industriegeschäft in Deutschland und in Schweden. Im Jahr 2006 wurde er Bereichsvorstand in der Medizintechnik, im Januar 2008 Mitglied des Vorstands der Siemens AG, in dem er bis März 2017 tätig war. In dieser Zeit war er verantwortlich für alle Industriethemen, als Chief Technology Officer für Technik, für Healthcare und für Personal. Er wurde im Oktober 2019 zum Vorsitzenden des Aufsichtsrats der Thyssenkrupp AG gewählt. Seit März 2019 ist er Vorsitzender des Gesellschafterausschusses und des Aufsichtsrats der Voith GmbH & Co.

© Christian Kruppa

Joachim Lang, Dr. jur., geboren 1967, ist seit 2017 Hauptgeschäftsführer und Mitglied des Präsidiums des Bundesverbandes der Deutschen Industrie e. V. (BDI). Der promovierte Jurist war nach Stationen im Verteidigungsministerium und im Bundesrat sechs Jahre als Koordinator für Bund-, Länder- und Europaangelegenheiten beim Ersten Parlamentarischen Geschäftsführer der CDU/CSU-Bundestagsfraktion tätig. Danach koordinierte er im Bundeskanzleramt die Europapolitik der Bundesregierung. Ende 2007 wechselte er zum DAX-Unternehmen E.ON SE, dessen Konzernrepräsentanz er bis 2016 leitete. Seit Oktober 2017 gehört er dem Vorstand des Kulturkreises der deutschen Wirtschaft im BDI e. V. an.

Die Autorinnen und Autoren

© DELO

Sabine Herold ist Geschäftsführende Gesellschafterin von DELO Industrie Klebstoffe, einem Weltmarktführer für Hightech-Klebstoffe und multifunktionale Materialien. Nach ihrem Studium des Chemieingenieurwesens an der Universität Erlangen-Nürnberg stieg Sabine Herold 1989 als Anwendungsingenieurin bei DELO ein. 1997 übernahm sie, gemeinsam mit ihrem Ehemann Dr. Wolf Herold, die Firma im Rahmen eines Management-Buy-Outs und entwickelte diese zu einem erfolgreichen und weltweit tätigen Unternehmen mit mehr als 800 Mitarbeitern. Die Hochleistungsklebstoffe von DELO finden sich heute in fast jedem Handy und jedem zweiten Auto. Sabine Herold ist Trägerin des Bundesverdienstkreuzes am Bande und des Bayerischen Verdienstordens. Sie engagiert sich ehrenamtlich in zahlreichen Gremien, u.a. in den Präsidien von BDI und VCI.

© Andrea Oermann

Nils Ole Oermann, Univ.-Prof. Dr. Dr., geboren 1973, lehrt Ethik an der Leuphana Universität Lüneburg und an der Oxford University. Seit 2009 ist er zudem als Gastprofessor mit Schwerpunkt Wirtschaftsethik in St. Gallen tätig. Als Rhodes Scholar wurde er in Oxford mit einer kolonialgeschichtlichen Arbeit promoviert und im Bereich Makroökonomie, Internationale Beziehungen und Ethik in Harvard u. a. bei Jeffrey Sachs ausgebildet. Er gilt laut *Handelsblatt* als einer der »profiliertesten deutschen Wirtschaftsethiker«. Von 2004 bis 2007 war er der Persönliche Referent des Bundespräsidenten. Von 2009 bis 2017 war er beratend für den Bundesminister der Finanzen tätig. Oermann lebt mit seiner Familie in der Altmark.

© Euler Hermes

Edna Schöne ist seit 2015 Vorstandsmitglied der Euler Hermes Aktiengesellschaft in Hamburg. Die Euler Hermes Gruppe ist der größte Kreditversicherer der Welt und Teil des Allianz-Konzerns. Sie verantwortet den Geschäftsbereich der staatlichen Exportkreditgarantien, mit deren Durchführung die Bundesregierung Euler Hermes betraut hat. Darüber hinaus verantwortet sie den Bereich Legal & Compliance für die DACH-Region.

Edna Schöne ist Juristin und übernahm in den letzten 20 Jahren für Euler Hermes verschiedene Positionen in den Bereichen Recht sowie in der Nachhaltigkeitsabteilung. Von 2009 bis 2015 hatte sie die Verantwortung für das Berliner Hauptstadtbüro von Euler Hermes. Als langjährige Kennerin der deutschen Exportwirtschaft und der Außenwirtschaftsförderung der Bundesregierung sitzt Frau Schöne in verschiedenen Beratungsgremien von Wirtschaftsverbänden und der Finanzwirtschaft. Seit 2019 ist sie Mitglied des Aufsichtsrates der Firma TenneT.

© Sophie Ernst

Hans-Jürgen Wagener, Prof. Dr., geboren 1941, hat in Berlin und München Volkswirtschaft und Soziologie studiert. Nach Forschungstätigkeit am Osteuropa-Institut München und am Wiener Institut für internationale Wirtschaftsvergleiche übernahm er 1975 an der Rijksuniversiteit Groningen einen Lehrstuhl für Volkswirtschaftslehre. Mit der Neugründung der Viadrina wechselte er 1993 auf einen Lehrstuhl Wirtschaftspolitik an der Europauniversität Viadrina Frankfurt (Oder), wo er 2006 emeritiert wurde. Er gründete das Frankfurter Institut für Transformationsstudien und beschäftigte sich vor allem mit Fragen der europäischen Integration, des institutionellen Wandels und der Geschichte des ökonomischen Denkens. 1999 bis 2000 war H.-J. Wagener Fellow am Wissenschaftskolleg zu Berlin.